AF619839

A la famille Parizot
Cet opuscule bien aride
Sa lecture vaut aussitôt
Il vous endormira vous décide
- - - - - - - - - -
Avec lui plus d'insomnie!
C'est un cadeau bien précieux
Le témoignage affectueux
D'une âme qui vous est amie

DU RÉGIME
DE
LA TERRE ARCH EN ALGÉRIE

8° Ce 1199

La Faculté n'entend donner aucune approbation ni improbation aux opinions émises dans les thèses ; ces opinions doivent être considérées comme propres à leurs auteurs.

FACULTÉ DE DROIT DE PARIS

DU RÉGIME
DE
LA TERRE ARCH EN ALGÉRIE

THÈSE POUR LE DOCTORAT

SOUTENUE LE 15 JUIN 1900, A 8 HEURES 1/2

Par E. GUEIT

Président.... M. Estoublon, professeur.

Suffragants... M. Léveillé, professeur. M. Souchon, professeur.

PARIS
A. PEDONE, ÉDITEUR
LIBRAIRE DE LA COUR D'APPEL ET DE L'ORDRE DES AVOCATS
13, RUE SOUFFLOT, 13

1900

8° F 13069

INTRODUCTION

Avant d'entrer dans l'étude de cette question, il nous semble nécessaire de jeter un coup d'œil rétrospectif sur l'histoire de la propriété foncière en Algérie et d'examiner sommairement le régime auquel elle est soumise actuellement. L'évocation, dans une esquisse rapide des siècles passés contribuera à expliquer l'existence de ce mode particulier de propriété et à jeter plus de lumière sur ses caractères distinctifs. Un court aperçu du régime foncier actuel de l'*Algérie* montrera les rapports de cette question avec le problème plus général de la propriété foncière en Algérie et fera voir que parmi les questions multiples que soulève ce délicat problème, celle que nous nous proposons d'étudier occupe une place prépondérante.

A l'époque des invasions arabes, l'Afrique septentrionale était occupée par des populations, dans lesquelles les Anciens, Grecs et Latins, voyaient une série de peuplades sans lien entre elles, dont les principales étaient les Lybiens (Lebataï pour Procope), les Maxyes, les Lybo-Phéniciens, les Numides, les Maures, et dans la Lybia déserte, les Garamantes et les Gétules; pour les Arabes, c'étaient des groupements, subdivisions d'une seule et même race, d'un seul et même peuple, qu'ils désignaient sous le nom générique de Berbères. Déjà dans les temps préhistoriques, ce peuple était constitué de telle sorte qu'on en est réduit à des conjectures sur ses origines et son ethnographie. C'était au début des tribus de nomades, de pasteurs qu'Hérodote nous représente comme vivant de la vie biblique, errant par les vastes espaces, se nourrissant du produit de leurs troupeaux et s'abritant sous des huttes, plus ou moins primitives. Evidemment chez ces êtres, à peine sortis de l'état de sauvagerie, la conception de propriété foncière, si elle existait, devait être fort rudimentaire.

Il faut toutefois reconnaître qu'ils avaient une certaine organisation[1], ils étaient groupés en communautés, de différente importance, obéissant à des chefs particuliers. C'est avec ces derniers que traitèrent les Phéniciens, pour établir sur le littoral des comptoirs de commerce. En rayonnant, ils arrivèrent peu à peu, soit au moyen de traités d'alliance, soit par la force des armes, à dominer tout le pays.

[1] Pline, *Hist. natur.*, V, p. 17 et suiv.

Il est assez difficile de déterminer l'influence qu'ont eue les Carthaginois sur la civilisation des indigènes en général et sur le régime foncier en particulier. Il est probable qu'ils n'ont pas dû laisser une forte empreinte sur cette race, qui a prouvé, en se perpétuant par la suite avec cette énergie et cette vitalité, en conservant, intactes, malgré toutes les vicissitudes et les tribulations par lesquelles elle a passé, ses mœurs, sa langue, ses coutumes traditionnelles, qu'elle était rebelle à toute espèce d'assimilation et que, si elle était incapable de se grouper en un corps de nation pour résister à l'envahisseur, elle lui opposait du moins la plus redoutable des forces, la force d'inertie.

Ce qui prouve le peu de sympathie des indigènes pour les Carthaginois, c'est qu'ils étaient toujours prêts à les combattre ; ainsi en l'an 395 avant Jésus-Christ, après la victoire de Denys sur les Carthaginois, ils se portèrent en masse contre la capitale, s'emparèrent de Tunis et mirent Carthage en péril [1].

Dans ces conditions, en admettant que les Carthaginois aient pratiqué la petite culture et la propriété individuelle, ce que semble impliquer la maxime, rapportée par Magon, « qu'on ne doit pas posséder plus de terres qu'on n'en peut cultiver », ils n'ont

[1] Diodore, l. XXIV.

dû faire adopter ce mode de propriété que dans une zone relativement restreinte, sur le littoral et aux alentours des principaux centres; partout ailleurs, sur les hauts plateaux et dans les steppes sahariens, la propriété a dû subir d'elle-même une transformation progressive, insensiblement, suivant une loi naturelle d'évolution. Suivant cette loi, les tribus, du moins dans les régions cultivables, restreignant de plus en plus leurs pérégrinations, finirent par s'établir dans des terrains dont les limites étaient bien déterminées et qui constituaient leur propriété : c'est ainsi qu'à leur apparition en Afrique, les Romains trouvèrent les populations fixées au sol, restant dans les régions qu'une longue pratique leur avait assignées.

Quant à déterminer la nature exacte de cette propriété, quant à se prononcer sur le point de savoir si elle était collective ou privée, c'est chose fort difficile; il est même probable qu'elle devait, suivant les régions, affecter les trois formes, collective, familiale et individuelle. C'est à cette époque qu'a dû commencer à se constituer l'organisation politique et administrative des Berbères, telle que nous la voyons aujourd'hui décrite dans l'œuvre magistrale de MM. Hanoteaux et Letourneux.

Etant la conséquence naturelle de l'esprit d'association et de solidarité qui à l'état d'instinct anime ces populations, cette organisation doit remonter à la plus haute antiquité ; ce sont de petites républiques, des tribus groupées en confédération (thakebilt) [1]. Ces tribus sont composées de deux ou plusieurs villages (thaddart), qui se subdivisent eux-mêmes en kharouba, ou réunion de plusieurs familles d'origine commune ; ainsi donc la famille peut être considérée comme formant la base de l'organisme social ; dans une telle société, où les liens de solidarité familiale sont si étroits, nécessairement la forme la plus répandue de la propriété foncière devait être celle de l'indivision familiale, et ce pendant la domination des Carthaginois.

Puis les Romains victorieux s'emparèrent de Carthage et les destinées de Carthage furent séparées de celles de la Numidie qui forma un royaume indépendant avec Massinissa pour roi et Cirta comme capitale ; sous le règne de ce roi l'agriculture prospéra et reçut une vigoureuse impulsion ; il s'attachait à fixer l'individu au sol et à créer des villages agricoles [2] ; par conséquent l'organisation, dont nous venons de donner les traits saillants, a dû se compléter et se parfaire sous ce roi. Quant à Carthage, elle devint une province romaine de l'Afrique, soumise à un impôt

[1] Hanoteaux et Letourneux, *Les Kabyles et les cout. Kabyles*, 2, p. 5.

[2] Strabon, LXVII, ch. III.

de guerre permanent (*stipendium*). Cent ans plus tard, la victoire de César à Thapsus eut pour conséquence l'annexion à Rome de la Numidie ou Africa nova. Au temps de la splendeur de Carthage, les indigènes s'étaient peu mêlés à l'élément phénicien ; après sa chute, ce qui resta de ce dernier se fondit dans la population autochtone, et ne laissa aucune trace.

Les Romains, pendant leur domination qui s'étendit à la Mauritanie Césarienne et à la Mauritanie Tingitane, usèrent des mêmes procédés de colonisation que ceux dont ils se sont servis pour coloniser leur vaste empire. Ils laissèrent aux indigènes le bénéfice de leurs institutions, de leurs lois et de leurs propriétés. Ils ne s'emparèrent que des terres nécessaires à la colonisation, terres qu'ils mirent en valeur le plus souvent en concédant d'immenses étendues, *latifundia*, à des patriciens qui les faisaient exploiter par une *familia* attachée au sol qu'elle cultivait, quelquefois en concédant des lots plus modestes à des vétérans. C'est ainsi que l'élément latin se répandit dans les villes d'abord, puis dans les campagnes; là, grâce à leur politique habile et tolérante, les conquérants imposèrent aux indigènes leurs mœurs et leurs coutumes [1]. Mais leur action

[1] Gssel, p. 85.

assimilatrice ne s'étendit jamais dans les massifs montagneux qui, habités par des tribus turbulentes, impatientes du joug, furent toujours un foyer d'insurrection. C'est là que se conservèrent intactes les mœurs et les coutumes berbères, que se perpétua l'antipathie nationale contre l'étranger; c'est par là que s'explique la facilité d'écroulement de l'empire romain en Afrique. Ces tribus profitèrent de toutes les occasions pour reconquérir leur indépendance, une première fois des querelles religieuses des Donatistes, une seconde fois de l'invasion des Vandales; profitant de la débilité de ces conquérants, elles s'affranchissent du joug; un siècle plus tard, quand, après la victoire de Bélisaire, Justinien voulut rétablir dans le pays « cet ordre parfait » qui lui semblait être l'essence d'un Etat vraiment civilisé, il se trouva en présence de puissantes tribus, qu'il fut obligé de combattre et qu'il ne soumit qu'imparfaitement. Pendant un siècle, cependant, l'autorité gréco-byzantine fut effective, et le pays jouit d'une prospérité réelle, mais bientôt la décadence commença et ne s'arrêta plus. Mécontentes du despotisme impérial, de la rapacité du fisc, les populations se détachent peu à peu de l'Empire, à tous les degrés de la hiérarchie, les fonctionnaires byzantins tendent à s'affranchir de la souveraineté trop lointaine des Empereurs, et les tribus Berbères, que ceux-ci utilisaient pour maintenir leur autorité, ne recevant plus leurs subsides, laissèrent vite se relâcher les liens qui les réunissaient au gouvernement de Byzance.

C'est alors que se formèrent des Etats indigènes puissants, ayant leurs lois, leur religion, leurs souverains indépendants [1]. Les Byzantins, en proie à des dissensions intestines, faiblissaient de plus en plus, et, incapables de résister aux incursions sans cesse répétées des Berbères, reculaient peu à peu et leur abandonnaient les campagnes et le plat pays pour se réfugier dans les villes et sur le littoral. L'œuvre des Romains s'effondra ainsi dans l'espace d'un siècle ; au milieu de ces luttes continuelles, la population diminua d'une façon si considérable, la dévastation fut telle, « qu'on errait des jours entiers sans rencontrer d'amis ni d'ennemis [2] »; les riches domaines des Romains furent pillés, saccagés. Les Berbères se répandirent dans tout le nord de l'Afrique, et au moment des premières invasions des Arabes, ce furent eux et non les Byzantins qui essayèrent de leur en disputer la possession. Ils n'occupaient pas alors tout le sol, et il y avait place pour de nouveaux occupants ; sur la partie du sol qu'ils cultivaient, c'était évidemment un droit de propriété

[1] Ibn Khaldoun, *Hist. des Berbères*, I, p. 207-211.

[2] Gibbon, *Histoire de la décadence et de la chute de l'Empire romain*, II, ch. XLIII.

privée qu'ils exerçaient, droit reposant sur la tête du chef de famille. Le voisinage des Romains avait dû contribuer de plus en plus à orienter la propriété vers cette forme qu'ils ont conservée par la suite et que nous avons trouvée chez eux au moment de notre établissement en Afrique. Ce n'est donc pas chez les Berbères que nous trouverons la terre arch, objet de notre étude. C'est à partir des invasions arabes que nous verrons la propriété revêtir ce caractère et subsister ainsi, plus ou moins altérée, jusqu'à notre époque.

La conquête de l'Afrique par les Arabes fut difficile, et ils ne s'y établirent que lentement. Il faut, dans cette conquête, distinguer deux périodes pour la nature de l'influence qu'ils exercèrent ; la première invasion du VIIe siècle fut une simple occupation militaire. Vers le XIe siècle, au contraire, alors que les Berbères avaient presque reconquis leur indépendance, une invasion nouvelle, se produisant sur une immense échelle, amena en Afrique un nombre considérable d'Arabes, qui peuplèrent le nord de l'Afrique et refoulèrent les Berbères dans les montagnes du Tell ou les régions du sud ; partout ailleurs le Nord de l'Afrique fut arabisé. Cette invasion se composa de tribus nomades venues de l'Hedjaz, en Arabie, et qui, sous les Fatimites, avaient été cantonnées dans la Haute Egypte. C'était des tribus pillardes et turbulentes, qui, par leurs déprédations, rendaient le pays inhabitable. El Mostancer résolut de s'en débarrasser en les lançant sur les Berbères de l'Afrique. Ce fut plutôt l'invasion entière d'un peuple que l'arrivée d'une armée ; ils transportaient avec eux leurs pénates, amenant femmes, enfants et troupeaux [1]. Dans les luttes dont le Moghreb fut alors le théâtre, tantôt ils fusionnèrent avec la population autochtone, tantôt ils la refoulèrent et prirent sa place. C'est dans cette grande invasion Hilalienne qu'il faut rechercher l'origine de ces vastes propriétés collectives, de ce régime foncier, si curieux et si anormal, du moins à notre époque.

Et en effet, ces tribus importèrent, dans leurs migrations, leurs mœurs et leurs coutumes. Or, dans l'empire arabe, il fallait distinguer deux catégories différentes d'Arabes, les Arabes sédentaires, qui jouissaient d'une civilisation assez avancée, chez qui la notion de la propriété individuelle ou melk était assez développée ; et les Arabes nomades, race à demi sauvage, sans civilisation ni histoire, dont les occupations principales étaient la guerre et l'élevage des troupeaux [2]. C'était pour les premiers qu'étaient édictées les règles coraniques et ses inter-

[1] Ibn Khaldoun, *Trad. slane*, p. 28.

[2] *La civilisation des Arabes*, Lebon, p. 36.

prétations concernant la propriété individuelle. Les seconds, organisés en tribus, n'avaient pas l'instinct de l'appropriation du sol ; ils avaient conservé la forme primitive de la propriété foncière, la forme collective ; c'est une forme qu'on remarque d'ailleurs chez toutes les peuplades guerrières et belliqueuses, chez les Germains, par exemple. César[1] et Tacite[2], qui nous ont laissé une description de leurs coutumes, nous montrent la *civitas*, seule propriétaire du territoire propre à la culture : des lots étaient tracés, et attribués aux familles qui en jouissaient et en recueillaient les fruits jusqu'à un nouveau partage ; les pâturages et les bois restaient soumis à la jouissance commune. Les partages se renouvelaient tous les ans.

Les tribus turbulentes du Hilal et du Soleim, qui envahirent le Moghreb, appartenaient à cette deuxième catégorie ; la culture du sol était pour eux d'une importance très secondaire, et ils ne songeaient nullement à s'approprier la terre individuellement. C'était la tribu qui en était propriétaire et l'organe qui la représentait, c'est-à-dire la djemaa, qui répartissait les terrains de culture entre les familles ; pour eux, s'attacher à la terre, c'était annihiler sa liberté, l'homme fixé au sol étant bientôt destiné à avoir un

[1] César, *De bello Gallico,* VI, 22.
[2] Tacite, *Germ.*, 26.

maitre. C'est là le régime que les Arabes importèrent dans toutes les régions du Moghreb où ils s'établirent ; c'est ce régime, plus ou moins modifié suivant les régions, qui subsista jusqu'au XVIe siècle. Jusqu'à cette époque, ce fut le règne de la force et de la possession ; le droit des tribus est basé sur l'occupation ; dans cette période de désordre et d'anarchie, l'individu isolé, d'une impuissance complète dans une société sans organisation solide, n'est rien ; le groupement, la tribu, indispensable à l'existence de ses membres, est tout ; aussi, c'est en elle que réside le droit de propriété sur les terres. Ce n'est qu'à partir de la domination turque que la propriété arabe se transforme et se constitue en partie sous les règles de la loi islamique. Dans certaines tribus, cependant, ces règles ne pénétrèrent pas : ces tribus continuèrent à être régies par les coutumes traditionnelles ; c'est ce qui explique la provenance des terres arch. Dans d'autres, soit sous l'influence des règles islamiques importées par les Turcs, soit par l'effet d'une loi d'évolution naturelle, la terre fut l'objet d'un droit de propriété privée, et susceptible d'être grevée de tous les droits réels que nous trouvons énumérés dans les œuvres juridiques arabes ; c'est l'origine des terres melk chez les Arabes[1].

[1] Les Kabyles, comme nous l'avons vu, pratiquaient depuis longtemps déjà le régime de la propriété melk.

Dans d'autres encore, les terres, sans être melk, étaient cependant en voie de le devenir ; elles étaient en voie d'acquérir la patrimonialité qui faisait défaut aux terres arch ; elles n'avaient conservé qu'une partie des traits caractéristiques de la terre arch ; c'était là les plus nombreuses. Ce qui augmentait encore la complexité du régime foncier, c'est que le gouvernement turc avait un domaine très considérable, provenant des domaines des anciennes dynasties berbères, des territoires confisqués aux tribus rebelles et insoumises, des terrains qui devenaient la propriété du Bit el Mal (le fisc), grâce à son aptitude à succéder comme héritier aceb au dernier degré.

La plus grande partie des ces biens était concédée en jouissance aux tribus, soit à titre d'azels, soit à titre de makhzen ; dans les terres azels, les tribus devaient fournir au Beylick une redevance nommée Hockor ; dans les terres makhzen, elles devaient fournir un certain service militaire, prêter au bey le concours de leurs armes, quand il en avait besoin. Les corporations ou établissements religieux, les zaouïas, la Mecque Médine avaient aussi un vaste domaine provenant de la constitution des habous qui s'était très répandue. C'était au début le dessaisissement immédiat d'un immeuble par son propriétaire au profit d'un établissement charitable ou religieux ; puis le constituant eut la faculté de désigner des dévolutaires intermédiaires; les biens ainsi haboussés étaient en tous cas inaliénables et imprescriptibles; ce qui en explique le grand nombre, c'est qu'ils étaient ainsi à l'abri des confiscations arbitraires du bey. A côté des terres occupées et faisant l'objet d'un droit de propriété, se trouvaient les terres incultes, les terres mortes, mouat, qui n'étaient utiles ni profitables à personne; les particuliers pouvaient s'en rendre propriétaires par la vivification, c'est-à-dire en les défrichant et en les rendant mamour (vives).

En récapitulant nous voyons donc la terre appartenir :

A la tribu : dans ce cas, elle est dite arch et le mode de jouissance varie suivant les régions ;

Au Beylick et aux communautés religieuses : sur certaines des terres du Beylick, certaines tribus ont un droit de jouissance; ce sont les azels et les makhzen ;

Aux particuliers : la propriété est alors dite melk ; elle est le résultat, soit d'une concession de l'autorité, soit de la vivification des terres mortes, soit de la transformation du droit de jouissance des particuliers sur les terres arch. Ce droit de propriété privée était soumis à de nombreuses restrictions; le droit chefaa, moyen d'écarter les étrangers du partage, en reprenant les terres des mains de l'acheteur, moyennant le remboursement du prix d'achat ; la constitution des habous que nous avons vue plus haut ; l'ana ou cens perpétuel, dont étaient grevées certaines terres ; le droit de rahnia, consistant dans la faculté pour le créancier de retenir l'immeuble de son débiteur jusqu'au paiement de la dette ; le droit de tsenia ou retour, sorte de vente à réméré. Tous ces droits, occultes ou soumis à une publicité insuffisante, étaient un obstacle à la liberté et à la sécurité des transactions immobilières.

On distinguait bien aussi la terre de dîme et la terre du tribut (Kharadj) ; mais nous nous réservons ultérieurement de discuter si cette distinction n'avait de l'importance qu'au point de vue de la nature de l'impôt établi sur la terre, ou s'il en résultait une modification quelconque à la nature du droit du possesseur du sol imposé.

Ce qui augmentait la confusion, c'est qu'en droit musulman, la transmission immobilière étant consensuelle, n'est soumise à aucune condition de publicité au regard des tiers ; c'est encore l'état d'indivision dans lequel se complaisent les Arabes, bien que le droit musulman leur donne les moyens d'en sortir.

Voilà l'état de la propriété indigène au moment de l'occupation. Un des premiers actes du commandant de l'armée d'occupation, ce fut, par un arrêté du 8 septembre 1830, d'attribuer au domaine les biens du beylick et des corporations religieuses. Les Européens, animés de l'esprit de spéculation, se mirent à acheter des terres, sans aucune espèce de garanties : ils étaient ainsi sous la menace constante d'une éviction, la confusion la plus grande régnait dans la propriété indigène et la propriété européenne. La législation française essaya de mettre un peu d'ordre dans ce chaos. Dans la série des actes législatifs, on peut distinguer deux périodes, la première antérieure à 1863, la seconde de 1863 à nos jours. Ce n'est que dans la seconde période qu'on légiféra sur les territoires de l'intérieur, sur les territoires de tribus, soit melk, soit arch. Dans la première période, le législateur n'a porté son attention que sur les territoires situés à proximité du littoral et aux alentours des villes, ouverts déjà à la colonisation, se bornant à interdire formellement l'accès des autres aux Européens. Dans les régions dont il s'est occupé, il a cherché à mettre les propriétés européennes à l'abri des évictions éventuelles et à donner pour l'avenir à la propriété une assiette plus stable. Dans ce but, l'ordonnance du 1er octobre 1844 prohibant les acquisitions immobilières en dehors des régions désignées par le Ministre de la Guerre, rend valables dans les autres régions les ventes d'immeubles d'indigènes à européens, qui auraient pu être arguées de nullité, à raison de l'insuffisance des pouvoirs des cadis, maris ou chefs de familles, ayant stipulé, sans pouvoir régulier pour des incapables ; elle rend les immeubles habous transmissibles d'indigène à européeen, mesure qui a été étendue aux transactions entre indigènes par un décret du 30 octobre 1858 ; elle autorise le rachat de l'ana, ou rente perpétuelle établie sur un bien fonds ; elle dispose que les actions en revision ou nullité fondées sur d'autres causes, doivent être intentées dans un délai de deux ans à compter de sa promulgation, sous peine d'extinction.

En vue des transactions à venir, elle autorise les acquéreurs européens à actionner, en production de titres, leurs auteurs médiats ou immédiats. Elle soumet enfin toutes les ventes entre indigènes et européens aux dispositions du code civil. Tous les terrains incultes dont la propriété n'aurait pas été réclamée et prouvée suivant une procédure spéciale, devaient appartenir à l'Etat à titre de biens vacants ; c'étaient les tribunaux qui étaient compétents pour la vérification de ces titres.

L'ordonnance du 21 juillet 1846 impose, dans tout le territoire civil de notre colonie, la vérification des titres de propriété et la délimitation des terrains ; le Ministre de la Guerre déterminera par arrêtés spéciaux le périmètre des districts soumis successivement à ces opérations de recensement ; l'ordonnance institue, pour la vérification des titres, une procédure spéciale qui a un caractère purement administratif. Les titres sont homologués par l'administration, ce qui rend le droit des propriétaires inattaquable de la part des tiers qui n'auraient pas réclamé en temps utile. Nombre d'indigènes, dans l'incapacité de fournir les justifications exigées par l'ordonnance, furent évincés. Le domaine de l'État s'accrut considérablement de ce fait.

La loi du 16 juin 1851 continue à maintenir la prohibition relative aux territoires de tribu ; elle déclare les acquisitions qui y seraient faites nulles de plein droit. Elle reconnaît bien tels qu'ils existaient au moment de la conquête ou tels qu'ils ont été constitués ultérieurement les droits de propriété ou de jouissance soit des particuliers, soit des tribus ou fractions de tribus, mais elle s'abstient de les définir et de trancher le différend[1] qui existait à ce sujet, différend que nous exposerons plus tard.

Pour les régions ouvertes à la colonisation française, elle condense en quelque sorte toutes les règles

[1] D'après les uns les tribus n'avaient qu'un droit de jouissance sur les terres qu'elles occupaient, le droit éminent appartenant à l'État ; d'après les autres un véritable droit de propriété.

relatives à la transmission de la propriété. Elle détermine dans son premier titre le domaine national et celui des départements et des communes ; dans son second titre les caractères juridiques de la propriété privée ; elle proclame son inviolabilité absolue, quelle que soit la nationalité des possesseurs du sol. Pour faciliter la circulation des immeubles, elle confirme les dispositions législatives antérieures concernant les habous et donne aux tribunaux un pouvoir discrétionnaire pour admettre ou rejeter, suivant les circonstances, l'exercice du droit de chefaa. Enfin elle établit que c'est le statut personnel de l'acquéreur qui détermine le régime légal des contrats immobiliers, les indigènes étant toujours libres, d'après une ordonnance du 26 septembre 1842, de placer leurs contrats sous l'empire de la loi française. Un décret du 4 juillet 1855 vint rendre applicable à l'Algérie la loi du 23 mars 1855 sur la transcription ; mais ce qui rendait illusoire l'application de cette loi, c'est que la jurisprudence avait décidé que le titre d'un indigène, quoique non transcrit, pouvait être opposable à un titre transcrit, de date ultérieure, conséquence tirée de la loi de 1851.

En 1858, une circulaire du Gouverneur général, s'inspirant de la théorie du droit éminent de l'Etat dans les territoires arch, organisa ce qu'on a appelé le cantonnement, c'est-à-dire la conversion du droit de jouissance des tribus en droit de propriété sur une partie des terres qu'elles occupaient, et celle de la nue propriété de l'Etat en pleine propriété sur la partie superflue. Un certain nombre de tribus furent ainsi cantonnées : l'opération porta sur 300.000 hectares environ dont un cinquième fut ainsi attribué à l'Etat. Comme nous l'avons vu plus haut, on n'avait jusque-là légiféré que sur la propriété individuelle, la propriété melk, dans les villes et les territoires ouverts à la colonisation. Avec le sénatus-consulte du 22 avril 1863, on pénètre dans les territoires mêmes des tribus. Il dissipe l'incertitude qui existait sur la nature du droit territorial des tribus, en déclarant celles-ci « propriétaires des territoires dont elles ont la jouissance permanente et traditionnelle, à quelque titre que ce soit ». Puis il organise trois opérations distinctes à exécuter en territoire de tribus : 1° Délimitation du territoire de chacune d'elles, successivement désignée primitivement par décret, actuellement par arrêté du Gouverneur général ; 2° Répartition de ce territoire entre les douars de la tribu ; on en opère le classement en cinq catégories : 1° Immeubles domaniaux ; 2° Immeubles affectés à des services communaux ; 3° Terres occupées à titre de propriété privée ; 4° Terres possédées collectivement ; 5° Immeubles dépendant du domaine public.

Dorénavant, dans les territoires sénatus-consultés, les immeubles classés comme melks pourront être l'objet d'un droit privatif de propriété et susceptibles d'aliénation ; les terres collectives resteront inaliénables jusqu'à ce qu'on y ait constitué la propriété individuelle. C'était là l'objet d'une troisième opération, qui devait s'exécuter dans les territoires désignés par l'autorité supérieure et qui en réalité de 1863 à 1873 ne fut jamais abordée.

La loi du 26 juillet 1873 a un triple objet.

1° Elle décide que ce n'est plus le statut personnel de l'acquéreur, mais la nature de l'immeuble qui déterminera la loi à appliquer, en ce qui concerne la conservation et la transmission contractuelle des immeubles et droits immobiliers ; la loi musulmane, dans ces conditions, ne sera plus applicable que dans le cas d'un immeuble possédé par un mulsuman, et de plus non pourvu d'un titre français. C'est la loi française qui régira les transactions relatives à des immeubles situés dans les territoires où la propriété se trouve déjà constituée : cependant la capacité des contractants, ne rentrant pas dans le statut réel, reste, en cas de contrats entre musulmans, soumis au droit musulman ; la loi de 1873 contient une limitation importante en ce qui concerne les mutations à cause de mort : on doit respecter le statut successoral indigène : pour le fond du droit, c'est-à-dire pour toutes les questions que soulève la dévolution héréditaire, comme la fixation du jour de l'ouverture de la succession, la détermination des héritiers, il faut s'inspirer des règles du droit musulman ; s'agit-il de procéder à un partage ou une licitation, c'est la loi territoriale française qui s'applique ; c'est ce qu'ont expressément consacré la loi du 28 avril 1887 et le décret du 13 avril 1889 : le droit de chefaa ne pouvait plus être exercé ; il n'est plus qu'un simple droit de retrait successoral. Quant au habous, celui-ci n'étant plus qu'un mode spécial de dévolution héréditaire depuis 1858, il peut être constitué valablement même sur un immeuble francisé.

2° Le deuxième objet de la loi de 1873 était de constituer la propriété individuelle partout où le sol était possédé au titre collectif.

3° Le troisième de reconnaître et de constater dans les territoires de propriété privée les droits individuels, et en attendant la fin de cette opération d'ensemble, qui devait se faire successivement dans les circonscriptions territoriales désignées par arrêté du gouverneur général, instituer une procédure spéciale permettant à l'acquéreur européen d'obtenir immédiatement un titre définitif de propriété.

Ces deux opérations aboutissent à la délivrance aux divers ayants-droit de titres de propriété, formant « le point de départ unique de la propriété à l'exclusion de tous droits antérieurs ». En réalité, la jurisprudence se basant sur ce que l'administration des domaines n'avait pas à délivrer de nouveaux titres pour les immeubles ayant fait déjà l'objet d'un titre administratif, notarié et judiciaire, décidait que ces titres antérieurs prévalaient contre les titres délivrés en vertu de la loi de 1873, ce qui diminuait singulièrement la portée de cette loi.

La loi du 28 avril 1887 a organisé, en cas de promesse de vente à des Européens en territoire de propriété collective, un système d'enquête partielle leur permettant d'y devenir propriétaires.

Afin de rendre possible l'application de la loi de 1873, elle prescrit la reprise des deux premières opérations du sénatus-consulte qu'elle avait abrogées.

Dans le but de remédier aux défectuosités constatées dans l'application de la loi de 1873, notamment en ce qui concerne la multiplicité des parts indivises minimes et les licitations ruineuses qui en étaient la conséquence [1], la loi de 1887 dispose que, pour les im-

[1] La terre, après la constitution ou la constatation de la propriété privée, suivant qu'il s'agissait de territoire arch ou melk, était ou devenait la propriété indivise de très nombreux copropriétaires. L'Administration se bornait à leur délivrer un titre de propriété, représentant la part idéale qui leur revenait, sans opérer un partage réel. C'est ce qui explique le nombre des parts indivises et des licitations.

meubles commodément partageables, il sera procédé à leur répartition entre familles, au lieu de déterminer la part individuelle de chacun ; elle allège la procédure des licitations et des partages en réduisant les frais et en autorisant la nomination d'un représentant unique pour les défendeurs indigènes.

Mais, malgré ces améliorations, les mauvais résultats de la loi de 1873 étaient tels qu'on suspendit son application dès 1891 et que seuls furent poursuivis les travaux du sénatus-consulte, délimitant les territoires des tribus et des douars et séparant le sol des douars en groupes arch, melk et beylick.

La loi du 17 février 1897 abroge les procédures, soit d'ensemble, soit partielles, instituées précédemment pour la constatation de la propriété privée et la constitution de la propriété individuelle. Elle les remplace par une procédure d'enquête partielle, faite sur l'initiative des particuliers, comportant des formalités plus ou moins différentes, suivant qu'elle a lieu en terre melk ou en terre arch. Les titres délivrés à la suite de ces enquêtes sont désormais inattaquables.

Rétrogradant en quelque sorte, elle soumet les immeubles, même objet d'un titre français, qui sont entre les mains des indigènes, à l'instrumentation des cadis, mais en les assujettissant à la formalité de la transcription hypothécaire, et seulement dans les territoires désignés par arrêté du gouverneur général. Elle édicte pour le partage et la licitation des immeubles dont la moitié au moins appartient à des indigènes des règles spéciales qui permettent à ceux-ci de rester dans un état d'indivision du moins familiale; en cas de demande en partage, en effet, si l'immeuble n'est partageable en nature commodément, le partage s'effectuera par famille, la famille à laquelle appartiendra le demandeur pourra même éviter la licitation en désintéressant celui-ci.

En condensant toutes les dispositions législatives dont nous venons de passer un rapide examen, nous voyons qu'on peut classer les immeubles, objet de droits de la part des particuliers, sous trois rubriques.

1° Les terres arch ou sabega, constituées par application du sénatus-consulte de 1863 et de la loi de 1887 ayant un caractère collectif, et comprenant les terres de parcours ou communaux et les terres de culture. Celles-ci présentent trois particularités remarquables : 1° inaliénabilité tant que les possesseurs n'ont pas eu recours à la procédure d'enquête partielle pour se faire constituer propriétaires; 2° règles spéciales en matière de dévolution successorale; 3° compétence exclusive de l'administration pour statuer sur les questions de propriété et de jouissance.

II. — Terres melk, celles dont les indigènes sont

propriétaires à titre privatif, mais sans être pourvus de titres soumettant de plein droit leurs propriétés à la loi française. Elles sont aliénables, la transmission à un Européen les fait passer sous le statut français ; le même effet est produit par la procédure d'enquête partielle, qui est aussi applicable à ces terres et que peuvent demander les indigènes aussi bien que les Européens. Elles se caractérisent par le maintien du statut musulman, avec tous les remaniements apportés par la législation française.

III. — Les terres soumises à la loi française, celles où la propriété individuelle a été constatée ou constituée. Elles sont régies par la loi française, sauf modifications, quand elles sont entre les mains d'indigènes, apportées par les lois de 1887 et de 1897.

Ce régime est évidemment trop complexe et trop touffu pour se maintenir ; il est essentiellement provisoire et appelé à disparaître dans un avenir plus ou moins lointain, pour faire place à un régime plus simple et plus uniforme ; il est dans les destinées des terres melk de disparaître rapidement et de se fondre dans les immeubles francisés ; mais les terres arch, soumises au régime administratif, sont peut-être appelées à subsister tant que les mœurs des indigènes n'auront pas été transformées et, surtout, tant que dans les terres francisées et soumises au régime judiciaire, on n'aura pas trouvé un régime conciliant les intérêts de la colonisation et des indigènes.

Cette terre arch, nous en diviserons l'étude en trois parties :

Dans une première partie, nous chercherons ses origines et nous montrerons comment elle a été constituée. Nous nous attacherons à en démontrer l'existence, à prouver que ce n'est pas une chimère créée par le législateur français, ainsi que le voudrait une théorie récemment élaborée.

Dans une deuxième partie, nous étudierons le régime auquel elle est soumise, la nature des droits dont elle est l'objet ; puis nous passerons en revue les différentes procédures organisées dans le but d'y constituer la propriété individuelle.

Dans une troisième partie, nous examinerons ses avantages et ses inconvénients au point de vue économique et social, et le rôle qu'elle a joué, et qu'elle est appelée à jouer dans la colonisation et la mise en valeur de notre sol africain. Nous nous demanderons s'il faut la désagréger ou la maintenir dans son intégrité.

PREMIÈRE PARTIE

Origine constitutive de la terre « arch ».

Pour trouver une disposition législative réglementant la terre arch, il faut aller jusqu'au sénatus-consulte du 22 avril 1863. C'est le texte capital qui en a déterminé le caractère et la nature, et qui a organisé les règles qui devaient la régir.

Si on consulte en effet les lois antérieures, on voit que le législateur s'était abstenu de les définir, qu'il n'avait parlé « des terres de tribu » que pour en interdire l'accès et prononcer la nullité des acquisitions qui y seraient faites; mais déjà, en 1850, dans le rapport sur le projet de loi qui devint la loi de 1851, M. Henri Didier s'exprime en ces termes au sujet de la propriété en Algérie : « La propriété n'est là qu'exceptionnellement individuelle dans les mains de quelques chefs qui l'ont reçue en apanage de la munificence des deys, et le plus ordinairement elle est collective, ou même elle appartient à l'Etat, et les tribus n'en ont que l'usufruit [1]. » C'était peut-être excessif, mais cela prouve qu'au fur et à

[1] V. rapport déposé le 6 juillet 1850, *Moniteur*, 1850, II, p. 2410.

mesure de la pénétration dans l'intérieur de notre colonie, on constatait l'existence, dans bien des régions, de la propriété collective, et que celle-ci n'était pas un mythe selon une théorie que nous discuterons tout à l'heure. Si le rapporteur donc parle dans son rapport de la forme qu'affectait la propriété dans les tribus, le législateur, dans le contenu de la loi, garde sur ce sujet un mutisme prudent et se borne à reconnaître, sans se compromettre, tels qu'ils existaient au moment de la conquête ou tels qu'ils ont été maintenus, réglés ou constitués postérieurement par le gouvernement français, les droits de propriété et les droits de jouissance appartenant aux particuliers, aux tribus et aux fractions de tribu. » Il déclare nulles, par mesure de sécurité, toutes les acquisitions qu'on pourrait faire en territoire de tribu. Mais ce n'est que dans le sénatus-consulte de 1863 qu'on trouve des dispositions relatives à la constitution et au régime de la terre arch. Nous étudierons, dans un premier paragraphe, l'origine des terres arch et, dans un second, la procédure organisée par le sénatus-consulte pour les constituer.

I. — Origine des terres arch.

Les éléments qui ont contribué à la constitution des terres arch sont de trois sortes : les terres arch proprement dites, les terres azels et les terres makhzen.

Les terres arch. — Nous avons déjà vu dans l'historique la provenance des terres arch ; elles datent des diverses invasions arabes et plus particulièrement de la grande invasion Hilalienne du XIe siècle ; des hordes de nomades qui jusque-là n'avaient vécu que de leurs razzias ou du produit de leurs troupeaux, inondèrent vers cette époque le nord de l'Afrique et fusionnèrent dans des proportions plus ou moins grandes avec les populations autochtones, qui, elles, pratiquaient d'une façon générale la propriété individuelle ; tantôt ce furent les envahisseurs qui furent assimilés par les Berbères, tantôt au contraire ceux-ci, noyés dans le flot des conquérants, prirent leurs mœurs, leur langage et leurs coutumes traditionnelles ; ces nomades, qui ne s'étaient jamais jusque-là livrés à la culture de la terre, labeur que leur goût belliqueux leur faisait considérer comme dégradant, vivaient sous l'empire de leurs coutumes et ignoraient les règles islamiques concernant la propriété foncière. Aussi, quand, par suite de la diminution de plus en plus accentuée des terrains de pâture, ils furent obligés de s'astreindre aux durs travaux des champs et à la culture des céréales, ce n'est pas dans le Coran, ni dans ses savantes interprétations, qu'ils allèrent puiser du premier coup le régime qui devait s'appliquer aux terrains cultivés; ce fut leurs coutumes, qui, suivant une lente et progressive évolution, se modifièrent insensiblement. Ces nomades étant groupés en tribus qui formaient en quelque sorte des petits Etats autonomes; cette transformation se fit plus ou moins rapidement, l'influence de certaines circonstances, telles que le voisinage des tribus kabyles, l'application des statuts coraniques par les fonctionnaires turcs ou le plus ou moins de durée de leur installation agissant avec plus ou moins de force suivant les régions. C'est ce qui fait qu'on trouve dans les formes de la propriété foncière musulmane, subsistant l'une à côté de l'autre, toutes les étapes successives que l'humanité a franchies et que Laveleye nous a décrites avec tant de profondeur, dans son ouvrage sur la propriété foncière.

Laveleye en effet nous montre la propriété individuelle se dégageant par de lentes transformations de la communauté primitive. Il distingue d'abord [1] le régime pastoral; sous ce régime la notion de la propriété foncière commence à poindre; toutefois, elle s'attache seulement à l'espace que les troupeaux de chaque tribu parcourent habituellement, et de fréquentes querelles éclatent au sujet de ces limites de parcours.

[1] Laveleye, *La propriété foncière*, p. 4.

Peu à peu une partie de la terre est momentanément mise en culture et le régime agricole s'établit, mais le territoire que le clan ou la tribu occupe demeure sa propriété indivise. La terre arable, le pâturage et la forêt sont exploités en commun. Plus tard la terre cultivée est divisée en lots, répartie entre les familles; l'usage temporaire est seul ainsi attribué à l'individu. Le fonds continue à rester la propriété collective du clan à qui il fait retour de temps en temps, afin qu'on puisse procéder à un nouveau partage ; système aujourd'hui en vigueur dans la commune russe.

Par un nouveau progrès de l'individualisation, les parts restent aux mains des groupes de familles patriarcales occupant la même demeure et travaillant ensemble, se transmettant héréditairement mais non contractuellement, comme en Italie au moyen âge et chez les Slaves méridionaux actuellement.

Enfin apparait la propriété individuelle et héréditaire, mais elle est encore engagée dans les mille entraves des droits suzerains, des fidéicommis, des retraits lignagers, des baux héréditaires. Ce n'est qu'après une dernière évolution, parfois très longue qu'elle se constitue définitivement et arrive à être ce droit absolu et souverain, tel que le conçoit la pensée moderne.

Voilà, dans ses grandes lignes, l'évolution tracée par Laveleye, de la propriété foncière à travers les siècles. Parcourons maintenant les rapports des commissaires délimitateurs, institués par le sénatus-consulte de 1863 pour la délimitation du territoire des tribus, et qui, par leur contact avec les indigènes, l'examen des réclamations et revendications de ceux-ci, ont été à même de se rendre un compte exact de l'état de la propriété foncière en Algérie : ce sont des documents précieux à consulter; nous y trouverons des exemples à l'appui de la thèse que nous avons avancée précédemment et des spécimens de toutes les formes de propriété décrites par Laveleye.

Si nous parcourons, en effet, les immenses steppes du Sahara, nous y voyons fleurir dans toute sa pureté le régime pastoral : les nomades, par exemple, qui composent la tribu des Larbas[1], errent, femmes, enfants et troupeaux, sous la direction des chefs de famille, à travers les vastes solitudes, en quête de pâturages; restant tout au plus trois ou quatre jours dans les mêmes endroits, ils transportent leurs campements de place en place, voués à des migrations perpétuelles. Naturellement, l'art pastoral domine

[1] Voir Le Play, *Les ouvriers des deux mondes*, p. 409.

leur existence : la seule notion de propriété qu'ils aient s'applique à leurs ksours, dans lesquels ils se retirent momentanément, pendant la plus mauvaise saison ; les cultures, qui les environnent, travaillées d'après les procédés aratoires les plus rudimentaires, sur un sol à peine effleuré par des socs en bois qu'ils font traîner par des bœufs et à défaut par des ânes, des chameaux ou même des femmes, sont la propriété collective de la tribu ; la propriété individuelle ne s'exerce que sur le ksar, maison d'habitation et petit jardin y attenant. Mais sans nous enfoncer aussi loin dans le sud, on trouve même dans la région tellienne des tribus encore exclusivement pastorales, la tribu des Ouled Sidi Khaled Gueraba[1] par exemple.

Pour voir comment de ce régime pastoral s'est dégagé peu à peu le régime agricole, nous citerons comme exemple typique ce qui s'est passé dans la tribu des Ouled Balagh[2]. « Avant l'occupation française, ils ne pratiquaient pas la culture des terres, vivaient exclusivement de l'élevage du bétail et du butin qu'ils se procuraient dans leurs incursions sur les territoires voisins ; depuis cet état de choses s'est

[1] Voir *Bulletin officiel des actes du gouvernement général de l'Algérie*, rapport du 3 septembre 1896, p. 1055.

[2] *Bulletin des actes officiels du gouvernement général de l'Algérie*, rapport du 15 avril 1897.

sensiblement modifié chez les habitants de la zone septentrionale qui, ne pouvant plus comme autrefois user et abuser du parcours en forêt, ont dû chercher d'autres moyens d'existence dans les travaux agricoles... On ne trouve sur leurs terres aucune trace d'appropriation individuelle, ni maison, ni gourbis, ni enclos; les surfaces restreintes qu'ils mettent en culture sont disséminées dans le territoire au milieu des jachères et des broussailles; la forme de la propriété est collective. »

Dans la première étape du régime agricole, le territoire appartient à la tribu, il est distribué entre les familles, soit une fois pour toutes, comme chez les Hindous, soit pour un certain temps, au bout duquel on renouvelle le partage, comme en Russie. On a trouvé encore une trace de cette coutume lors de la délimitation du territoire des Ameur-Cheraga [1], on a constaté que les terres de culture de cette tribu au lieu d'être individualisées par famille d'une manière permanente, étaient l'objet d'une répartition triennale entre les diverses familles par les soins de la djemaa. Il est vrai que le commissaire délimitateur cherche à l'expliquer en lui donnant pour cause les prélèvements opérés par les beys de Constantine sur le sol de la tribu. C'est plutôt une subsistance

[1] Décrets de délimitation des 16 juin et 25 juillet 1866, de Ménerville, p. 248.

d'une coutume qui, dans un passé plus ou moins lointain, était pratiquée sur une plus vaste échelle, opinion corroborée par les témoignages recueillis au cours des travaux préparatoires de la loi du 16 juin 1851. Toujours est-il que cette répartition, au moment de notre installation en Algérie, constituait une exception. D'une façon générale, la propriété foncière était parvenue au troisième ou au quatrième stade de l'évolution tracée plus haut.

Voici, en effet, l'organisation que l'on trouve dans un grand nombre de tribus et le mode qu'affecte la jouissance du sol : il est détenu par les mêmes familles d'une façon permanente et traditionnelle[1]. Tout membre de la tribu a droit de conserver la portion du territoire qu'il cultive tant qu'il est capable de la mettre en valeur, de la vivifier. Il la transmet à ses héritiers dans les mêmes conditions; les femmes, cependant, ne peuvent prétendre à la moindre part héréditaire dans ce fonds.

Les cultivateurs des tribus ne peuvent consentir, sur les terres dont ils jouissent, aucun contrat de vente, de louage, d'échange d'hypothèque ou autre : elles sont, en un mot, inaliénables. Quand ils meurent sans héritier mâle direct et que leurs héritiers

[1] Conseil supérieur du gouvernement. Session de nov. 1882. Procès-verbaux des délibérations, p. 461-488. Séance du 5 décembre 1882.

collatéraux sont suffisamment pourvus de terres, leurs champs font retour à la communauté et la djemaa en dispose en faveur de ceux qui sont insuffisamment pourvus. Il en est de même quand ces champs sont laissés un certain temps à l'état de friche par ceux qui les cultivent.

Toutes les contestations relatives à ces terres sont tranchées non par le cadi, mais par la djemaa et jugées suivant les us et coutumes locaux.

On découvre bien là la jouissance des terres se perpétuant dans les mêmes familles, leur inaliénabilité, l'exclusion des femmes de l'hérédité foncière, caractères propres à la troisième forme que revêt la propriété foncière dans son évolution. Et ce que l'on voit aussi, c'est la tendance de cette propriété à dégénérer en propriété individuelle, en melk ; il nous suffira de cueillir quelques exemples au hasard pour montrer suivant quelle voie s'opère cette transformation : c'est sous l'influence de la mise en valeur progressive du sol, de l'incorporation de plus en plus considérable de travail dans la terre. Sous l'empire de ce principe, les enclaves des forêts, les terres de culture disséminées au milieu des terrains boisés, où un travail de défrichement a été nécessaire, sont toutes soumises au régime de la propriété privée ; c'est ce qu'on peut constater dans la tribu des Zeramna[1],

[1] Décret du 16 mai-11 juin 1866, p. 244. Menerville.

dans celle des Dreat[1] dont « le pays paraît avoir été couvert autrefois de boisements compacts dans lesquels les premiers occupants ont dû se créer, par des défrichements successifs, des enclaves cultivables ». Dans les terrains de propriété collective, les premiers îlots de propriété individuelle qui apparaissent sont les jardins, les champs sur lesquels on a élevé des constructions ou fait des travaux d'aménagement; on en a un exemple frappant chez les Ouled sidi ben Halima[2] et chez les Bled-Guerfa[3]. Epars au milieu des terrains de propriété collective, se trouvent des groupes de propriétés bâties, des moulins ou des jardins complantés d'arbres fruitiers; ces immeubles échappent au pouvoir de la djemaa; les règles de la propriété melk leur sont applicables : ils sont aliénables et les femmes sont admises aux partages successoraux; les terres de culture, au contraire, y sont soumises au régime de la terre arch.

Le régime de la propriété melk étend son empire peu à peu sur tout le territoire de la tribu, mais cette extension ne s'opère pas d'un seul coup : elle procède par une double gradation : la partie du territoire que la propriété melk régit augmente de plus

[1] *Bulletin officiel des actes du gouvernement général de l'Algérie*. Rapport du 4 février 1899, p. 59.

[2] *Id.* Rapport du 11 octobre 1894, p. 901.

[3] *Id.* Rapport du 31 mars 1893, p. 334.

en plus et celle-ci n'acquiert que peu à peu les caractères qui la distinguent. Aussi on trouve des tribus où la propriété est à la fois arch et melk et des tribus où l'on est embarrassé pour déterminer la nature de la propriété, où la propriété melk n'est pas bien assise et donne lieu à des contestations fréquentes. Parmi les premières, on pourrait citer les tribus des Ouled-si-Ameur[1], des Beni-Ouindjel[2], des Ouled-si-Moussa[3], des Hodna[4]; dans cette dernière, par exemple, « la propriété affecte généralement le caractère collectif, mais il y a lieu de considérer comme melk les terres situées dans les vallées de l'oued Boucesram et l'oued Menaïfa où la possession privative est depuis un temps immémorial affirmée par des améliorations permanentes, constructions ou plantations ».

Parmi les secondes, nous citerons le douar des Oum-ech-Chouk de la tribu de Medjadja[5], la tribu des Beni-Median[6], celle des Beni-Linte[7]; dans les

[1] *Bulletin officiel des actes du Gouvernement général.* Rapport du 6 janvier 1899, p. 23.

[2] *Id.* Rapport du 23 août 1892, p. 1.229.

[3] *Id.* Rapport du 28 juillet 1896, p. 947.

[4] *Id.* Rapport du 23 janvier 1895, p. 156.

[5] Menerville. Décret du 2-31 mai 1866. Rapport *ad notam*, p. 243.

[6] Menerville. Décret du 2-20 juin 1866. Rapport *ad notam*, p. 245.

[7] *Bulletin officiel des actes du Gouvernement général.* Rapport du 30 mars 1899, p. 208.

deux premières, il peut y avoir confusion sur la nature du sol ; car il n'y existe aucun acte authentique et régulier de mutation ; mais « les mêmes lots, dit le commissaire délimitateur, sont occupés par les mêmes familles de père en fils et ont déjà donné lieu à des transactions verbales » ; et cela montre bien que la transition n'est pas brusque, que les lots détenus d'abord à titre précaire par les familles ne parviennent à la patrimonialité complète qu'en passant par une série d'états intermédiaires ; cette assertion est confirmée par ce qui s'est passé dans la tribu des Beni-Linte. La commission administrative avait d'abord attribué le caractère collectif à la propriété immobilière dans cette tribu. La djemaa a protesté, prétendant que la propriété revêtait le caractère privatif ; car, malgré l'absence de titres écrits, chaque famille a toujours disposé comme elle l'entendait des terrains qu'elle détenait. Ce rapport fait ressortir aussi la corrélation qui existe entre l'individualisation de la propriété et l'incorporation progressive de travail ; le commissaire délimitateur, en effet, nous dit plus loin « qu'il y a lieu de remarquer que depuis un certain temps les gens de cette tribu ont apporté quelques améliorations dans les conditions de leur existence ; ils ne vivent plus exclusivement sous la tente et beaucoup de notables ont fait construire des maisons de maçonnerie et fait ainsi preuve d'installation définitive sur leurs terres ».

Enfin dans une dernière transformation, la propriété devient melk, le lot de culture se change en patrimoine, les transactions qui le concernent sont passées par devant le cadi qui lui applique les règles de l'Islam. Mais cette propriété melk n'est pas encore parfaite, elle est entravée par toutes sortes de restrictions comme la constitution des habous, le droit de chefaa, etc.

Cette métamorphose graduelle du droit de propriété a été extrêmement lente : il semble que les peuples fanatiques sont voués à un « conservatisme traditionnel », de telle sorte que les institutions mettent des siècles à se modifier. C'est pourquoi nous retrouvons chez les Arabes toutes les étapes de cette évolution et nous constatons qu'ils ne sont pas encore parvenus à la conception de la propriété absolue dégagée de tous les liens qui l'enserrent, qui donne à la terre une mobilité plus grande et une circulation plus active.

Maintenant que nous avons étudié l'origine et l'état de fait des terres arch, nous allons essayer de déterminer quel était leur caractère juridique. Sur ce point, plusieurs théories ont été élaborées, théories qu'on peut cependant ramener à trois principales.

La première consiste dans la négation pure et simple des terres arch ; le droit collectif de propriété n'existe pas chez les indigènes ; ceux-ci ne connaissent et ne pratiquent que la propriété privée individuelle.

La deuxième théorie fait, dans les terres arch, l'Etat ou le Beylick titulaire du droit de propriété ; il a un droit éminent supérieur ; quant aux tribus et aux individus, ils n'ont qu'un droit de jouissance ou d'usufruit.

Enfin la troisième théorie considère la tribu comme une personne morale, et fait reposer sur elle le droit de propriété des terres arch.

Nous allons examiner et discuter successivement ces trois théories.

Le premier système a été soutenu par M. Robe [1] avocat à la Cour d'appel d'Alger, M. Dain [2], professeur de droit aux écoles supérieures, M. Mercier [3], M. Tilloy [4]. On trouve une reproduction de ces affirmations dans le rapport fait au Sénat par M. Franck-Chauveau dans la séance du 29 mars 1893 [5].

[1] Robe, *Lois de la propriété immobilière en Algérie.*
[2] Dain, *Réforme de la législation fonçière en Algérie.*
[3] Mercier, *La propriété foncière en Algérie.*
[4] Tilloy, *La propriété foncière musulmane.*
[5] *Journal Officiel*, Sénat, annexe 1893, p. 264.

D'après eux la distinction des terres arch et des terres melk est une invention, une fiction forgée de toutes pièces par la trop féconde imagination du législateur. Cette distinction, disent-ils, familière maintenant aux jurisconsultes et aux administrateurs européens et sur laquelle sont basées la plupart des dispositions législatives ou réglementaires applicables à la propriété algérienne, ne se trouve nulle part chez les juristes, ni dans les titres musulmans ; elle ne répond à aucune idée existant chez les indigènes, la terre arch leur est inconnue ; le mot et la chose sont quelque chose de chimérique.

D'ailleurs, le régime de ces terres est incompatible avec les principes de la législation islamique. Celle-ci est liée au culte ; or, le culte musulman est exclusif ; deux cultes ne peuvent coexister ; les indigènes arabes ne peuvent point admettre que des droits venant d'une loi étrangère puissent subsister à côté de ceux de la loi coranique. Donc, le régime foncier est islamique. Or, la loi islamique ne reconnaît que la propriété melk, et, de plus, elle érige en dogme le principe de la prescription ; la jouissance sans trouble de leurs terrains par les cultivateurs, pendant dix ans, leur en donne la propriété pleine et entière. La conclusion s'impose : la propriété collective est un mythe.

Ce qui, d'après ces auteurs, vient donner une confirmation éclatante à leur théorie, c'est la mise à exécution du sénatus-consulte ; les commissions, en effet, se trouvèrent embarrassées pour déterminer où finissait le melk et où commençait l'arch. M. Mercier, notamment, cite à l'appui, comme très caractéristiques, le rapport de la tribu des Ouled-Atia[1] ; on pourrait en citer d'autres, celle des Beni-Median[2], des Beni-Linte[3], par exemple.

Cependant, comme il fallait expliquer l'erreur commise jusque-là par tant d'hommes éminents, comme il fallait montrer comment avait pris naissance cette conception de la terre arch et comment on avait été amené à édicter, pendant de longues années, des lois et des règlements sur quelque chose d'irréel, sur une chimère, ces auteurs soutiennent avec beaucoup d'ingéniosité que c'est l'indivision, si chère aux Arabes et parfois poussée si loin par eux, qui a pu donner l'illusion de la propriété collective. « La terre arch, pour eux, est une terre melk comme les autres, mais indivise entre les membres d'une ou de plusieurs familles, voire entre les membres d'une tribu ou d'une fraction de tribu ; seulement,

[1] Mercier, *La propriété foncière musulmane*, p. 44.
[2] Menerville, Décret du 2-20 juin 1866. — Rapport *ad notam*, p. 245.
[3] *Bulletin officiel des actes du Gouv. gén. de l'Algérie*. Rapp. du 30 mars 1899, p. 208.

ses copropriétaires sont plus nombreux et le droit de chacun est plus faible. La tribu ne constituant pas une unité civile en Algérie, il n'existait pas, à proprement parler, de propriété de tribu[1]. »

Nous reconnaissons, en effet, avec ces auteurs, que le mot « terre arch » ne se trouve pas dans les textes islamiques d'une façon générale ; et encore, en cherchant dans les œuvres des commentateurs, peut-être pourrait-on trouver des passages relatifs à ces terres, notamment dans Derdir[2] ; ils sont, en tous cas, extrêmement rares.

Mais cela ne prouve pas que le mot a été inventé pour désigner une chose inexistante. Si on cherche, en effet en vain le régime des terres arch dans les textes arabes, c'est que c'est essentiellement une institution coutumière. C'est dans les mœurs, dans la tradition que nous avons puisé le mot et la chose ; ce qui montre bien qu'il y a là une tradition, c'est que ces terres arch ne portent pas partout le même nom. Si nous l'avions créée, il n'y aurait que des terres arch ; or, dans le département d'Oran,

[1] Rapport de M. Franck-Chauveau. Sénat, *Annexes*, 1893, p. 264.

[2] Derdir parle, en effet, de terres de grande culture, dont le régime ressemble à celui de la terre arch, particulièrement en ce qui concerne la transmission successorale. Voir : *La propriété en Maghreb, selon la doctrine de Malek*, par Mercier (*Journal asiatique*, juillet-août 1894).

ces terres portent un autre nom, elles s'appellent sabega. Le mot arch a fait fortune et est passé dans le vocabulaire usuel des jurisconsultes algériens, parce qu'il avait une signification claire et précise et qu'il s'opposait au mot « melk » d'une façon saisissante.

Toujours est-il que les règles édictées par le Coran et ses interprètes n'ont rien à voir avec la propriété arch ; celle-ci est essentiellement une institution coutumière résultant, comme nous le verrons plus loin, de l'organisation politique des Arabes ; aussi les règles concernant la prescription ne s'appliquent pas à la terre arch ; d'ailleurs, pour prescrire, il faut avoir l'*animus domini*. Or, celui-ci ne peut pas exister sur une terre dont on est simple usufruitier, la propriété appartenant à la tribu ou à l'Etat.

Quant à la difficulté qu'éprouvaient parfois les commissions dans la mise en exécution du sénatus-consulte pour la classification des terres en melk et en arch, nous en avons donné précédemment l'explication ; c'est que la propriété arch avait une tendance à se transformer insensiblement en propriété melk ; aussi, dans certaines tribus, la confusion était possible et la distinction difficile à faire. Cela ne prouve aucunement que la terre arch n'existait pas.

Essayer d'expliquer la propriété arch par l'élargissement de l'indivision, c'est se méprendre étrangement sur la nature de la propriété arch. Ce qui distingue en effet les melk des arch, la propriété privée de la propriété collective, ce n'est pas le plus ou moins grand nombre de personnes qui en sont propriétaires : ce serait une distinction artificielle et arbitraire, en tout cas puérile ; c'est la nature même de la propriété ; chacune a des caractères qui lui sont bien propres ; la propriété melk repose sur la tête de l'individu ; les règles régissant les transmissions successorales et contractuelles s'y appliquent ; la propriété arch est à la tribu ; celle-ci, par son organe, la djemaa, tranche toutes les questions de jouissance. Comme conséquence, dans les terres melk, les indigènes ayant, pour des causes diverses, une propension naturelle à l'indivision et la djemaa n'intervenant jamais pour la dévolution de ces terres, il en résulte que la propriété y est enserrée dans les mailles inextricables de l'indivision ; la situation des propriétaires y est très embrouillée et très compliquée ; cela n'empêche pas les chefs de famille d'avoir au fond de leurs coffrets en bois, un titre authentique, établissant leurs droits de propriété, et auxquels ils donnent le nom de carta ; dans les terres arch au contraire la situation est bien plus limpide et bien plus simple ; il résulte de l'attribution plus ou moins formelle qui est faite des terres par la djemaa, qu'elles sont possédées, cultivées à l'état privatif par l'individu à qui il en a été fait remise lors du décès ou disgrâce du précédent possesseur.

On voit par là que la différence entre les terres arch et les melk indivis est bien tranchée et que cette explication par suite n'est pas satisfaisante. Cette théorie est en contradiction flagrante avec les faits; tous les raisonnements et tous les arguments tirés des textes ne peuvent pas prédominer contre ceux-ci.

La seconde théorie, qui date des débuts de la conquête, est diamétralement opposée à la précédente; non seulement les individus n'ont qu'un droit de jouissance sur les terres qu'ils cultivent, mais les tribus elles-mêmes n'ont sur le territoire qu'elles exploitent collectivement qu'un droit de jouissance précaire, révocable en principe au gré de l'Etat qui en retient le domaine éminent. Cette théorie a été développée très brillamment par des partisans convaincus, M. Worms [1], M. Baude [2] et le général Duvivier [3]. Enfin à une époque plus récente, elle a été reprise par M. Poyanne [4], qui a restreint son domaine d'application.

Pour justifier cette thèse, on s'est appuyé sur un verset du Coran dans lequel il est dit « que la terre est à Dieu et au Sultan, son représentant et son ombre

[1] Worms, *Recherches sur la constitution de la propriété territoriale dans les pays musulmans.* (*Journal historique* 1842-1844 et *Revue de législation et jurisprudence*, 1844, p. 360 et suiv).

[2] Baude, *L'Algérie*, II, p. 391.

[3] Général Duvivier, *Solution de la question d'Algérie*, p. 328.

[4] Poyanne, *La propriété foncière en Algérie*, p. 130.

sur la terre; pour l'homme ce n'est qu'un lieu de demeure temporaire. » Ces auteurs, fortement imbus de la législation romaine, se sont basés sur ce texte pour soutenir que chez les Arabes les terres étaient assimilables aux fonds provinciaux des Romains; elles étaient soumises au *dominium* de l'Etat, droit supérieur, qui résultait de la conquête; les particuliers par qui ces terres étaient exploitées n'auraient eu qu'un droit de possession et de jouissance. Cette théorie fut accueillie avec d'autant plus de faveur, qu'elle donnait toute latitude à l'Etat, investi de la nue-propriété, pour imposer ses conditions aux possesseurs du sol, les soumettre à une redevance, ou même au besoin prélever sur leurs territoires les portions nécessaires au développement de la colonisation.

Il est évident que c'est une erreur de prendre pour un texte de loi politique, la formule figurée d'un précepte religieux. C'est d'autant plus erroné que si l'on voulait, on pourrait, à l'aide des versets du Coran, édifier une théorie absolument contraire. C'est ainsi que le Coran institue les règles successorales en ce qui concerne la propriété foncière. C'est ainsi qu'un autre verset dit : « C'est Dieu qui a créé pour vous tous ce qui est sur la terre [1].»

[1] *Coran*, trad. Kasimirski. Verset 27, chap. II.

Comprenant qu'une sentence mystique ne constituait pas une base assez solide pour étayer leur théorie, les partisans de ce système ont cherché à déterminer la constitution du sol algérien, d'après la nature des impôts dont les Musulmans frappaient la terre au moment de la conquête.

Les légistes de l'Islam distinguent en effet deux sortes de terres, les terres de dîme et les terres de tribut ou de kharadj.

Dans les terres de dîme, la communauté musulmane ne percevait comme impôt que le zekhat; et encore c'était moins un impôt qu'une aumône, dont la destination naturelle était théoriquement le secours des malheureux; il devait servir à alimenter en quelque sorte le service d'assistance publique; il n'impliquait de la part de celui sur lequel il était prélevé aucune sujétion; ses biens étaient libres et il pouvait en disposer à son gré.

Dans les terres de kharadj, il n'en était pas de même. Le kharadj était un véritable tribut imposé par le conquérant au possesseur du sol. Les sujets de l'Islamisme vaincus par les Musulmans ont été soumis à une double imposition, la djezia, sorte de capitation pesant sur les individus, et le kharadj, véritable taxe foncière établie sur les propriétés. C'était une imposition humiliante, qui transformait profondément d'après ces auteurs la condition des terres.

Cependant, il existe entre eux sur ce point une double divergence. D'après le système, tel qu'il avait été élaboré tout d'abord, l'Algérie tout entière ayant été conquise par la force des armes par les Mahométans, aurait été terre de kharadj. De plus, l'établissement de cet impôt aurait eu pour résultat de donner à la communauté musulmane la nue-propriété des terres qui y étaient soumises; ceux qui les cultivaient ne les auraient détenues qu'à titre précaire, ils n'auraient eu qu'un droit de jouissance et d'usufruit, révocable *ad nutum* par le Beylick. Nous verrons les conséquences de cette théorie dans la pratique.

Ce système a été repris par M. Poyanne, mais avec de fortes restrictions; le kharadj n'aurait pas été imposé sur tout le sol de l'Algérie, mais sur les « terres arch » seulement; l'Etat n'a qu'un droit se rapprochant du *dominium* théorique de l'Etat romain sur le sol provincial, plus accusé cependant, car il aurait un droit de surveillance sur les cultures; les possesseurs ont un droit véritable sur les terres qu'ils cultivent, on ne peut les leur enlever tant qu'ils les exploitent.

Nous allons exposer et réfuter simultanément ces deux théories.

D'après M. Worms, la constitution territoriale est une conséquence rigoureuse de la nature de l'impôt.

D'après la législation musulmane, toute terre conquise par les armes et laissée en la possession des anciens habitants devient tributaire; or, l'Afrique n'a été agrégée au domaine musulman que par la force des armes; c'est chose facile à prouver, il suffit d'ouvrir l'ouvrage d'un historien musulman quelconque : Ibn Khaldoun, Abou Dinar ou Noweiri, et l'on y verra que ce n'est qu'après une lutte acharnée que les Musulmans sont venus à bout de la résistance des Kabyles; donc l'Algérie est une terre tributaire[1]. Comme la nature de l'impôt détermine le mode d'appropriation du sol, il s'ensuit qu'en Algérie comme en Egypte, en Turquie et dans les pays conquis à l'Islam, les fonds de terre sur lesquels passe la charrue ne peuvent être la propriété libre, ni individuelle, ni collective des indigènes. Car l'établissement du kharadj sur une terre doit la faire considérer comme un wakf ou un habous, constitué au profit de la communauté mahométane. L'Iman ne peut rien concéder de cette terre à personne à titre de propriété, il ne peut disposer en faveur de qui que ce soit que de l'usufruit ou du montant de l'impôt; comme tous les habous, la terre ne peut être ni vendue, ni donnée, ni transmise comme héritage par les possesseurs.

[1] Worms, *op. cit.*, p. 351 et s.

Ce système était trop en contradiction avec la théorie juridique et avec la réalité des choses pour avoir subsisté dans son absolutisme.

Et d'abord, si le principe est que le territoire conquis par les armes est grevé de wakf au profit de la communauté musulmane, les docteurs musulmans en limitent notablement l'étendue, en excluant de son application les terres partagées entre les soldats vainqueurs et les terres des solhis, c'est-à-dire de ceux qui se sont soumis par traité [1] ou ont embrassé l'Islamisme. C'est de plus s'exagérer singulièrement la portée des textes musulmans que d'en tirer comme règle absolue que la terre n'est pas la propriété du détenteur mais celle de l'Etat, par le fait seul qu'elle est soumise au kharadj. Mawerdi, dans son ouvrage *El Ahkam es Soultania*, dit que le sultan peut très bien laisser aux habitants leurs terres et bien que kharadjies les déclarer melk.

La *Multequa* [2] et la *Hidaya* [3] ne sont pas moins catégoriques. « Les terres de l'Irak, dit la *Hidaya*, sont kharedjies, et cependant elles sont la propriété de leurs habitants qui peuvent légalement les vendre ou en disposer à leur gré. » Si on objecte que ces

[1] Voir Mercier, *Journal asiatique*, juillet-août 1894.

[2] *Multequa el ebouhr* (Confluent des mers), par Ibrahim Habebi.

[3] *Hidaya*, par Ebou Hassan.

textes ne sont pas d'auteurs appartenant au rite Malekite auquel le Maghreb est universellement soumis, on peut citer Derdir[1], qui constate que le détenteur a un droit déterminé sur sa terre et que ce droit ne peut disparaître par sa mort, cela dans le pays d'Anoua, c'est-à-dire pays de kharadj.

D'ailleurs, dès qu'on eut pénétré dans l'intérieur de l'Algérie, on reconnut l'existence de la propriété privée, exclusive de la propriété de l'Etat et résultant du mode de transmission des immeubles par voie d'achat, donation, échange ou succession; on trouva des titres de propriété qui dataient du siècle précédent. Dans ces conditions la thèse de M. Worms devenait insoutenable. Aussi M. Poyanne, tirant profit des arguments qu'on opposait à M. Worms, admit, en Afrique, à côté des terres de kharadj, l'existence de terres de dîme, provenant justement des terres partagées entre les vainqueurs et de celles laissées aux solhis.

Les terres de dîme, ce sont celles où la propriété est melk et qui peuvent par suite faire l'objet de transactions. Les terres de kharadj, ce sont celles où la propriété est arch, inaliénables entre les mains des détenteurs, qui n'ont sur elles qu'un droit de jouissance.

[1] Voyez le passage de Derdir traduit par Mercier, *Journal asiatique*, juillet-août 1894.

Reproduisant une assertion de M. Worms[1], M. Poyanne[2] soutient que le kharadj, une fois imposé sur une terre, est indélébile. Il subsiste si le possesseur se fait musulman ou vend sa terre à un musulman. Aussi le kharadj établi par les premiers conquérants arabes, par Sidi-Okba, a subsisté jusqu'à nos jours; les invasions qui ont suivi n'ont rien changé à cet état de choses. Si les Français, au moment de la conquête, n'ont nulle part trouvé mention du kharadj, il n'y a aucune conclusion à en tirer; car il existait, dans le département de Constantine, sous le nom d'hokkor; dans les départements d'Alger et d'Oran, sous le nom de gherrama.

A première vue, il semble que les faits donnent un démenti formel à cette théorie. Il suffit, en effet, de parcourir les rapports des commisssaires délimitateurs pour apercevoir que toutes les tribus d'origine kabyle pratiquent la propriété melk; les tribus d'origine arabe, au contraire, sont les seules qui pratiquent la propriété arch. Comment peut-il se faire, alors, que ce soient les vainqueurs qui aient leurs terres soumises au kharadj, tandis que les vaincus, les Berbères, ont un droit de propriété absolu sur leurs terres? Evidemment M. Poyanne s'est laissé égarer par l'exemple de ce qui se passait en Turquie; il a

[1] Worms, *op. cit.*, p. 55.

[2] *La propriété foncière en Algérie*, Poyanne, p. 36; p. 130 et s.

cru pouvoir assimiler les terres arch aux terres mirrié et, en réalité, leur origine est toute différente.

Bien qu'au premier abord ce système semble difficilement acceptable, mettons-nous cependant sur le terrain où M. Poyanne a placé la discussion. Le kharadj, dit-il, est ineffaçable ; la terre y reste soumise, bien qu'elle passe aux mains des musulmans. Est-ce bien certain? Voici des citations de Mawerdi et de Derdir qui semblent prouver le contraire. « Les terres de kharadj, dit Mawerdi, cessent d'être telles, dès que leurs possesseurs embrassent l'islamisme[1]. » Nous voyons dans Derdir[2], qu'en se soumettant, l'Anoui, c'est-à-dire le vaincu, sans capitulation, acquiert les prérogatives du solhi, et il peut alors, en devenant musulman, être déchargé de l'obligation de servir le kharadj. Il semble résulter de ces textes que le vaincu, en embrassant l'islamisme, est affranchi du kharadj.

D'ailleurs, à quelle époque l'Afrique aurait-elle été frappée de cet impôt? Est-ce au moment des premières invasions, de celle dirigée notamment par Sidi-Okba? Nous avons vu dans l'historique combien l'influence des premiers envahisseurs avait été éphémère et faible ; ils paraissent avoir été absorbés par

[1] Mawerdi, l. XII, p. 105.

[2] Mercier, *La propriété en Maghreb, selon les doctrines des Malek.* Extrait du *Journal asiatique*, juillet-août 1894, p. 13-20.

les Berbères. Et puis les indigènes d'Afrique, en se convertissant à l'islamisme, sont assimilés aux musulmans. Rien n'autorise à dire qu'un régime spécial leur ait été appliqué. Au xe siècle, nous avons vu que la domination du khalifat disparait de la Berbérie et qu'il s'y est formé des empires indépendants. Il ne peut pas alors subsister de prétexte, pour que ces nationaux, qui ont recouvré leur autonomie, s'appliquent à eux-mêmes la condition inférieure régissant les peuples conquis demeurant infidèles et refusant le titre de sujets de l'Islam [1].

Ce ne peut pas être davantage lors de l'invasion hilalienne ou au moment de la conquête turque.

Les tribus du Hilal et du Soleïm se répandirent dans le nord de l'Afrique, de leur propre autorité et non au nom d'un gouvernement établi. Ils s'installèrent sur le sol algérien, soit par force en en chassant les autochtones, soit pacifiquement en traitant ou en fusionnant avec eux, mais, nulle part, on ne voit la trace de l'intervention d'un pouvoir public quelconque. El Mostancer, qui cherchait à se débarrasser de ces tribus pillardes, un véritable fléau pour son royaume, ne songea nullement à se prévaloir de son droit de suzeraineté, devenu, nous venons de le voir, depuis longtemps illusoire, ni à conférer

[1] Mercier, p. 22, *La propriété foncière en Algérie*.

l'investiture aux nouveaux possesseurs du sol. On ne voit donc pas par qui le kharadj aurait été établi.

A l'époque de la conquête turque, les beys n'auraient eu aucune raison pour soumettre le pays au kharadj ; les seuls territoires, en droit islamique, qui peuvent être séquestrés sont ceux conquis sur un peuple infidèle ; or, depuis des siècles, le nord de l'Afrique était déjà rangé sous la loi de l'Islam. Sans doute les beys en ont usé un peu à leur aise avec les propriétés de leurs sujets et ont fait souvent bon marché des principes de la loi coranique ; mais ce n'était qu'en cas de nécessité qu'ils appliquaient ces procédés ; on ne peut pas conclure de mesures isolées, de certaines confiscations de territoires ou de certaines impositions de tribut qui étaient motivées par la rébellion de certaines tribus à l'établissement général d'un wakf sur les terres de la Régence ou même sur certaines portions du territoire.

Le kharadj n'a par conséquent jamais pu être établi en Afrique ; il faut évidemment beaucoup d'imagination pour le retrouver dans l'hokkor ou le gherrama. L'hokkor est considéré généralement comme le loyer des terres azel. Le gherrama paraît avoir été un impôt qui aurait été perçu par le Gouvernement turc jusqu'à la conquête française ; mais c'est une affirmation gratuite que de l'assimiler au kharadj ; on n'est pas fixé sur sa nature et d'aucuns soutiennent même que c'est une sorte de lezma ou capitation[1]; en tout cas, il n'aurait pas modifié le mode d'appropriation des terres; car nous voyons que dans la tribu des Choualas[2], où cet impôt était, paraît-il, perçu, « la propriété, dit le commissaire délimitateur, est melk, ce qui résulte du mode de transmission des immeubles au moyen de vente, échange, succession, etc. ».

La théorie du domaine éminent de l'Etat même avec les restrictions apportées par M. Poyanne est donc insoutenable. Dans les terres arch, la propriété ne résidant ni dans l'individu, ni dans l'Etat, résidait nécessairement dans le groupement, tribu ou fraction de tribu. La tribu était une personne morale, elle avait un véritable droit de propriété dont la possession avait constitué l'origine et le fondement juridique. Nous avons vu dans quelles conditions les tribus avaient pris possession des terrains qu'elles occupaient; or, dans les doctrines islamiques, la possession est considérée comme le meilleur des titres, puisque, continuée pendant 15 ans (rite hanefite) et 10 ans (rite malékite), elle est attributive de propriété. Les tribus avaient donc sur les terres arch un véritable droit de propriété.

[1] Rapport du 2 juin 1893. *Bulletin des Actes officiels du Gouvernement général de l'Algérie*, p. 603.

[2] *Id.*

Que l'on ne nous objecte pas que l'idée de personnalité est une conception moderne trop savante pour que des populations aussi primitives pussent en avoir la notion. Les enseignements que nous donnent l'histoire des peuples primitifs et les faits nous démontrent surabondamment qu'il en était réellement ainsi.

Dans toutes les époques troublées, où le pouvoir central n'existe pas ou est trop débile pour faire respecter les droits de chacun, les individus se forment en groupes, en communautés qui constituent des petits Etats indépendants ; l'individu disparait alors pour faire place à la personnalité du groupe ; c'est en lui que résident tous les droits, non seulement les droits de puissance publique, mais les droits normalement individuels, comme le droit de propriété. C'est ainsi que les Germains étaient divisés en clans; les clans étaient de véritables personnes morales qui avaient pour organe le concilium ; les clans avaient la propriété des terres que le concilium répartissait entre les familles, à des époques fixes. De même, au moyen âge, les individus étaient tous groupés entre les différents fiefs ; la personne morale était le fief; la personnalité du groupe était ici incarnée dans le seigneur qui était investi sur toutes les terres du domaine éminent.

Dans ces deux exemples, le genre de personnalité

seul diffère, et pour employer des expressions du droit public anglais, le clan était une « corporation agregate », c'est-à-dire une personne distincte du concilium qui était son organe, tandis que le seigneur était une « corporation sole », c'est-à-dire qu'il incarnait la personnalité du groupe. Mais dans les deux cas, la souveraineté résidait dans le groupe et la propriété foncière était incorporée à la souveraineté.

Chez les Arabes, nous retrouvons une organisation politique similaire. Les populations musulmanes étaient, en effet, divisées en groupes, petits Etats véritables qui avaient chacun leur origine, leur histoire, leurs intérêts politiques; chaque tribu formait un tout complet, se suffisant à elle-même. Elle constituait une personne morale qui avait pour organe la djemaa ou réunion des notables de la tribu; on conçoit, par conséquent, très bien, et cela est une conséquence naturelle de l'exposé que nous venons de faire, qu'elle pût être propriétaire du territoire qu'elle occupait. Ce qui le prouve péremptoirement, c'est qu'on voit souvent la tribu faire en son propre nom des transactions ayant pour objet ses territoires, soit en vendant, soit en donnant à bail ou à antichrèse [1]. Ainsi, nous voyons la fraction des Beni-

[1] Robe, p. 55, *La propriété immobilière en Algérie*, 1875.

Khemis, de la tribu des Ouled-Saïd[1], produire un acte authentique, portant la date de 1801, prouvant qu'ils ont acheté collectivement un terrain au bey de Mascara pour 2.500 réaux; nous voyons encore la tribu des Ouled-Mansour céder à la tribu des Hallouya[2] une parcelle d'un certain nombre d'hectares. Ces exemples prouvent bien que la personnalité des tribus existait réellement et que c'était en elle que résidait le droit de propriété des terres arch.

Les terres azels et les terres makhzen.

Ces terres avaient un caractère commun, c'est qu'elles faisaient toutes deux partie intégrante du domaine du Beylick. L'Etat turc était propriétaire au titre melk de vastes espaces cultivés qu'il concédait en jouissance aux tribus, soit à titre d'azels, soit à titre de makhzen.

Les tribus des terres azels payaient au Bit-El-Mal une redevance, à l'origine annuelle, qui portait le nom d'hokkor; le bail devenait quelquefois emphytéotique, mais jamais il ne perdait sa nature, qui était d'être précaire et révocable selon le bon plaisir du bey: des tribus vivaient ainsi, de temps immé-

[1] Rapport du 25 avril-24 mai 1866. Menerville, p. 239.
[2] Rapport du 22 août 1895. *Bulletin des actes officiels du Gouv. gén. de l'Algérie*, p. 670.

morial, sur de vastes propriétés domaniales, à titre de simples métayers de l'Etat. Ces azels étaient parfois considérables; dans la région de Constantine, les Ameur Cheraga, comprenant 8.000 individus, occupaient un azel de 21.000 hectares. Tout le territoire de l'Oued-Zenati était formé par un groupe de 62 azels, d'une superficie totale de 43.000 hectares et habité par plus de 1.200 familles indigènes[1]. Le mode de jouissance était analogue à celui des terres arch; c'était la tribu, personne morale, à qui étaient affermés les terrains; la djemaa les répartissait entre les diverses familles et les mêmes règles que celles qui régissaient les territoires arch s'appliquaient à la culture des azels.

Dans les terres makhzen, les tribus devaient fournir, non pas une redevance, mais un certain service militaire ou certaines corvées. Ces tribus, désignées suivant les régions, sous les noms de Zmoul, Douaïr, Abid, jouèrent un rôle important dans l'établissement et le maintien de la domination turque dans le nord de l'Afrique. On s'explique par elles comment une poignée de Levantins put gouverner un aussi vaste pays avec aussi peu de forces propres[2]. Leur moyen d'action fut les tribus makhzen; ils

[1] Rapport du 2 novembre-5 décembre 1865. De Menerville, II, p. 231, note I.

[2] De Grammont, *Histoire d'Alger*.

utilisèrent ainsi l'élément indigène : le long des routes principales et aux gîtes d'étapes, ils installèrent des groupes de toute origine, à qui ils concédèrent des terres confisquées aux occupants sous le prétexte plus ou moins plausible de rébellion, devant le service militaire et astreintes à diverses prestations ; ces tribus étaient donc des rouages de l'administration beylicale ; elles avaient à la fois le caractère agricole et militaire ; c'est à elles qu'auraient pu particulièrement convenir la devise : « Ense et aratro. » Tout chef de famille, en effet, qui venait s'établir sur le territoire affecté aux douars ou aux abid, avait droit à un certain lot de terre et des instruments de culture, à un cheval et à des armes. Il était agriculteur et cavalier du makhzen. Comme agriculteur, il était titulaire d'une concession, ce qui lui donnait le droit d'y cultiver le sol et d'y faire les fruits siens ; l'Etat lui faisait des avances pour l'ensemencement de ses terres ; quant à lui, il n'avait à fournir, comme prestation, qu'une redevance minime, appelée le Hack ech Chabir[1], ou prix des éperons, payée en nature et ayant plutôt un caractère récognitif. Comme cavalier du makhzen, il devait rendre au gouvernement turc des services multiples ; il était tenu de monter à cheval au premier signal du caïd.

[1] *Origine et constitution de la propriété arch en Algérie avant 1830* (*Revue algérienne et coloniale*), p. 4.

C'était, en effet, les makhzen qui assistaient le caïd dans le recouvrement des impôts, qui faisaient rentrer dans le devoir les tribus rebelles, qui étaient chargés, en un mot, de faire exécuter les ordres de l'autorité. Ils étaient libérés de toute espèce d'impôt et en temps de service, ils étaient entretenus par le beylick.

Dans les terres makhzen comme dans les terres azels, l'Etat était le seul propriétaire ; les tribus n'avaient qu'un droit de jouissance essentiellement précaire. L'arbitraire y régnait en maître ; le caïd, représentant du beylick, pouvait révoquer la concession pour cause de félonie ou de trahison, pouvait exclure ceux qui ne cultivaient pas ou ceux qui ne remplissaient pas les charges, service militaire ou prestations, qui leur étaient imposées.

Ainsi, comme pour les latifundia et les précaires à l'époque romaine et les tenures et les fiefs au moyen âge, les terres azels et les terres makhzen appartenaient, en toute propriété, à l'Etat. Les tribus n'avaient qu'un droit de jouissance.

II. — Procédure pour la délimitation et la constitution des terres arch.

Nous venons d'étudier les divers éléments, terres arch proprement dites, terres azels, terres makhzen, qui ont formé les terres arch ; nous nous proposons d'étudier dans ce paragraphe dans quelle mesure et suivant quelles règles le gouvernement français a transformé ces différentes terres en terres de culture ou arch. On peut distinguer deux périodes, bien différentes, l'une antérieure au sénatus-consulte de 1863, l'autre postérieure.

Dans la première période, l'administration, tout en respectant les melk, crut pouvoir en user avec une grande liberté avec les terres arch, azels ou makhzen ; la théorie du domaine éminent de l'Etat sur ces terres n'était pas, en effet, restée dans les sphères élevées de la science pure. L'administration des Domaines s'en empara et en fit des applications moins désintéressées ; déjà, dans une circulaire du 15 juin 1849, on laisse entendre que l'Etat a le droit, pour satisfaire aux exigences expansives de la colonisation, d'opérer des prélèvements sur les terres possédées à titre collectif par les tribus et *a fortiori* sur les terres dont elles n'avaient que l'usufruit. Cette tendance s'accentua après la mise en vigueur de la loi du 16 juin 1851. Cette loi était rédigée d'une façon assez ambiguë et laissait planer les doutes que l'on avait sur la nature du droit des tribus ; les termes de l'article 11, notamment, furent l'objet de commentaires et d'interprétations qui tendirent à établir le droit supérieur de l'Etat. Du moment, en effet, que cet article reconnaissait l'existence des droits de propriété et de jouissance des tribus, il reconnaissait du même coup le droit de l'Etat à la nue propriété des territoires que les tribus détenaient sans titre en vertu d'une possession immémoriale.

Négligeant l'exposé de motifs significatif du général Randon, dans lequel il proclamait d'une façon absolue l'inviolabilité de la propriété indigène, on alla chercher un appui à cette thèse dans une déclaration, formulée d'une façon incidente et en termes assez évasifs, par le rapporteur de la commission législative, M. Didier ; il avait écrit « que dans les tribus, la propriété est le plus souvent collective ou même elle appartient à l'Etat, les tribus n'en ayant que l'usufruit ».

Forte de l'appui de la théorie et de la loi, l'administration n'eut plus aucun scrupule pour dépouiller les tribus d'une partie de leurs territoires, et cette spoliation fut réglementée sous le nom d'opérations de cantonnement.

Les azels et les makhzen furent inscrits sur les sommiers de consistance des Domaines purement et simplement. Les azels faisant l'objet d'un droit de propriété complet et absolu à l'égard de l'Etat, la légalité de cette mesure ne faisait pas l'ombre d'un doute. Ils continuèrent à être loués, comme par le passé, de gré à gré ou aux enchères publiques.

Pour les makhzen, la légalité de cette mesure était plus contestable; pour la colorer d'un semblant de justification, on allégua que les terres makhzen étant concédées à charge de service militaire, la condition de la concession étant devenue impossible à remplir par suite de la chute du gouvernement turc, la stipulation était parfaitement résiliable de la part de l'Etat et que, par suite, ces terres devaient faire retour au domaine. Ces terres furent divisées en deux catégories; l'une devint, sous le nom de réserve domaniale, le fonds disponible pour la colonisation et la vente aux enchères, l'autre fut affectée aux populations makhzen sous le nom de cantonnement provisoire. En outre, afin d'affirmer le droit de l'Etat sur les territoires de cette dernière catégorie, on imposa aux tribus qui en conservaient la possession une redevance annuelle, dont le chiffre était fixé à 50 c. par hectare labourable et 25 c. par hectare de terre de parcours.

Les tribus dans cette opération n'acquéraient donc aucunement la propriété des terrains dans lesquels elles étaient cantonnées.

Moins sûre de son droit à l'égard des territoires arch ou sabega, l'Administration n'osa pas les incorporer purement et simplement au domaine de l'Etat; cependant l'idée, d'une part que les terres conquises par les Musulmans étaient possédées par eux, non à titre de propriété incommutable, mais en vertu d'un simple droit de jouissance ou d'usufruit concédé par le souverain, et d'autre part, la considération que les terrains occupés par les tribus étaient disproportionnés avec leurs besoins réels, avaient fait concevoir un système transactionnel. L'Etat, nu-propriétaire du sol arch, impose au détenteur du sol, simple usufruitier, un partage qui transforme les droits des deux copartageants en droit de propriété pleine et entière. L'Etat prélève une partie du sol qu'il conserve à titre de propriétaire et dont il peut disposer à son gré ; en échange du sacrifice qui leur est imposé, les tribus sont déclarées propriétaires de la partie qui leur est laissée.

Le système de cantonnement fut d'abord pratiqué à titre d'essai dans les conditions réglées par une circulaire du gouvernement général du 20 mai 1858. Le gouvernement n'appliqua ce système qu'avec une certaine timidité : il reconnut que cette opération ne pouvait être entreprise sur tous les points à la fois, qu'elle ne devait s'opérer que progressivement de proche en proche selon les besoins du peuplement européen. Les commissions de cantonnement qui ont fonctionné dans les trois provinces ont abouti à cantonner 16 tribus, présentant ensemble une population de 56.489 âmes et occupant des territoires d'une étendue totale de 343.387 hectares. Ces territoires ont été réduits à 282.024 hectares et l'administration française a prélevé 61.633 hectares, soit 1/5 ou 1/6 [1].

Cette expérience ayant paru satisfaisante, le maréchal Pélissier, voulant substituer une réglementation définitive aux prescriptions éparses dans les instructions du gouvernement général, institua, le 29 mai 1861, une commission en vue d'élaborer un projet de décret, fixant les principes et la procédure à suivre en matière de cantonnement. Vers la fin de 1862, ce projet de décret fut soumis à l'examen du Conseil d'Etat, mais le principe de cette mesure y souleva de telles objections que le gouvernement en ordonna le retrait. C'était une théorie qui était condamnée dans les hautes sphères gouvernementales et à qui la lettre de l'empereur du 6 février 1863 au maréchal Pélissier vint donner un éclatant démenti.

Cette lettre contient en substance tous les principes sur lesquels sont fondées les dispositions du sénatus-consulte de 1863. Elle condamne le système du cantonnement comme injuste, contraire à nos engagements, et sans aucune utilité pratique. C'est injuste de « dépouiller les possesseurs du sol, en s'armant des principes surannés du mahométisme et en

[1] Rapport fait au Sénat par le général Allard. Menerville, p. 188.

invoquant les droits despotiques du grand Turc », c'est contraire à la promesse solennelle que nous avions faite aux Arabes, au moment de la conquête d'Alger, de respecter leur religion et leurs propriétés. C'est une mesure sans aucune utilité pour la colonisation, car de longtemps les terrains ne manqueront pas à l'activité européenne, d'autant plus qu'elle est faite pour se déployer plutôt dans l'industrie, l'exploitation des mines et forêts, que dans la culture du sol. Enfin l'Empereur soutient qu'il est urgent de rassurer les indigènes, en les rendant maîtres incommutables des terres qu'ils occupent. Le territoire des tribus, dit-il, une fois reconnu, on le divisera par douars, ce qui permettra plus tard à l'initiative prudente de l'administration d'arriver à la propriété individuelle. Tout le programme tracé dans cette lettre est réalisé de point en point par le sénatus-consulte de 1863. Le projet élaboré en Conseil d'Etat fut présenté au Sénat le 9 mars 1863 et promulgué le 22 avril. Jusqu'en 1870 la procédure suivie pour l'application du sénatus-consulte fut déterminée par le décret du 23 mai 1863 et une instruction ministérielle du 11 juin de la même année.

En 1870, l'application du sénatus-consulte fut suspendue et ne fut reprise qu'en 1887, ordonnée par la loi du 28 avril. Les territoires sénatus-consultés, selon le terme administrativement consacré, depuis lors le furent suivant la procédure instituée par un décret du 22 septembre 1887, et une instruction du gouverneur général du 1er février 1888. Ces deux procédures diffèrent sensiblement. Nous n'étudierons dans ces textes que ce qui est relatif à la constitution des terres arch, c'est-à-dire la délimitation du territoire des tribus, la répartition du territoire ainsi délimité entre les douars de la tribu et le classement des diverses natures de propriété, les communaux, les terres de culture, les terres privées, les biens domaniaux et les biens dépendant du domaine public. Nous étudierons ainsi par quels procédés les terres arch ont été délimitées et dégagées des différentes terres de nature diverse qui l'environnaient.

Et d'abord le sénatus-consulte, en déclarant les tribus propriétaires des territoires dont elles ont la jouissance permanente et traditionnelle, met fin aux incertitudes qui planaient sur la nature de leurs droits en territoire arch. Le territoire appartient bien aux tribus, réserve faite en faveur de l'Etat des biens du Beylick et terres d'origine domaniale qui pourraient s'y trouver enclavées, et réserve faite en faveur des particuliers, des biens dont ceux-ci seraient propriétaires à titre melk. Nous allons voir comment le législateur tient compte de ces divers intérêts en présence.

Les tribus qui doivent être sénatus-consultées sont

désignées par des arrêtés du gouvernement général de l'Algérie rendus sur les propositions du préfet du département et du général commandant la division pour les commandements; sous l'empire du règlement de 1863, elles étaient désignées par décrets. Le décret de 1887 ordonne comme moyen de publicité: l'insertion de ces arrêtés dans *le Bulletin officiel des actes du gouvernement général* et dans *le Mobacher*, l'affichage dans le chef-lieu de la commune, la publication dans les marchés de la commune, ainsi que dans les tribus ou douars limitrophes. Cette publication est constatée par des procès-verbaux de l'autorité locale et constitue pour tous les ayants-droit une première mise en demeure de prendre les mesures conservatoires de leurs droits.

Les opérations de délimitation des tribus et de répartition de leurs territoires entre les douars sont effectuées dans chaque département par des commissaires délimitateurs désignés par le gouverneur général et placés sous la direction d'une commission administrative, siégeant au chef-lieu du département.

Chaque commissaire délimitateur est assisté d'un géomètre de la topographie, ainsi que d'un interprète quand besoin est. Ce groupe, dans le règlement de 1863, portait le nom de sous-commission.

La commission est composée du préfet du département et, pour les opérations en territoire de commandement, du général commandant la division comme président; le directeur des domaines; le conservateur des forêts, le géomètre en chef de la topographie, l'inspecteur du service de la propriété indigène; un sous-inspecteur des domaines, désigné par le gouverneur général, est attaché à la commission en qualité de secrétaire avec voix consultative.

D'après le règlement de 1863, il y avait une commission dans chacune des subdivisions de l'Algérie.

La commission dirige et centralise les travaux exécutés par les commissaires délimitateurs, statue sur les contestations et soumet le résultat de ses travaux à la sanction du Gouverneur général.

Pour représenter la tribu auprès du commissaire délimitateur, un arrêté du préfet ou du général constitue une djemaa composée de 12 membres, y compris l'adjoint indigène, président. Pour la répartition du territoire entre les douars, on constitue, pour chacun d'eux, une djemaa spéciale, composée de huit membres. C'est elle qui a qualité pour former opposition et pour ester en justice au nom du groupe qu'elle personnifie.

Le commissaire délimitateur procédera sur les lieux, en présence de la djemaa de la tribu et des djemaas des tribus ou douars limitrophes, à la reconnaissance des limites périmétriques du territoire et au bornage de ce territoire. Un procès-verbal constatant la délimitation et le bornage, relatant les réclamations survenues, signé par le président et deux membres délégués de la djemaa, revêtu de l'avis du commissaire délimitateur, sur la suite à donner aux contestations, est envoyé à la commission administrative ; au vu de ce procès-verbal, elle statue provisoirement sur l'opération de délimitation de la tribu, sur les contestations des limites, sur le caractère melk ou collectif de la propriété ; si tout est régulier, elle ordonne la répartition du territoire de la tribu entre les douars.

C'est ici que s'ouvre la seconde phase des travaux prévus par le sénatus-consulte de 1863. Le commissaire délimitateur procédera, conformément aux décisions des commissions administratives et en présence des djemaas intéressés, à la répartition du territoire de la tribu entre les douars, à la délimitation de chaque douar, ainsi qu'à la délimitation et au classement des divers groupes de propriété. C'est dans cette dernière opération que nous voyons constituer ou plutôt dégager et délimiter les terres arch [1] ; car, « on ne constitue pas la propriété collective, on l'accepte comme un fait créé par le temps

[1] Nous prenons la dénomination : terres arch, *lato sensu*, comme le fait le Procureur général de la Cour de cassation, y comprenant les communaux et les terres de culture, p. 973. Estoublon et Léfebure, *op. cit.*

et la tradition[1] ». Le commissaire délimitateur doit distinguer entre les cinq catégories suivantes : 1° Immeubles domaniaux autres que les biens vacants. 2° Immeubles affectés à des services communaux. 3° Terres occupées à titre de propriété privée. 4° Terres possédées collectivement. 5° Immeubles dépendant du domaine public. Nous ne retiendrons parmi ces groupes que le groupe des communaux et celui des terres possédées collectivement.

Dans le groupe des communaux, rentrent les immeubles dont l'affectation communale est bien précise : les emplacements des marchés, les cimetières, les terrains connus sous le nom de mechtas, où les indigènes dressent leurs tentes, les lieux réservés au stationnement des troupeaux, les emplacements de silos, les mosquées, marabouts, koubas, quand ils sont de peu d'importance et à l'usage des seuls habitants du douar.

Le sénatus-consulte de 1863 comprenait, parmi les communaux soumis à une délimitation spéciale, les terres de parcours, et, en effet, par application de cette mesure, il a été constitué jusqu'en 1870, aux tribus, 1.336.152 hectares de communaux. Il en était de même des biens domaniaux, par suite de vacance ou déshérence.

[1] *Rapport du général Allard*, Menerville, p. 189.

Lorsque la loi du 28 avril 1887 eut remis en vigueur le sénatus-consulte, elle introduisit une modification à ces dispositions ; d'après cette loi et le décret du 22 septembre 1887, les terres de parcours et les biens vacants et sans maitres devaient dorénavant rester en dehors des constatations du commissaire délimitateur. Ils devaient rester confondus dans la masse de terres de propriété privée ou collective qui les confinaient et faire partie du groupe constitué au titre de ces terres, sous réserve expresse des droits du douar ou de l'Etat, à reconnaître lors de la constitution de la propriété individuelle. Mais, dans la crainte des empiètements ou des usurpations qui se seraient produits sur ces terres, si on les avait laissées englobées dans les groupes de propriété privée ou collective, le décret du 18 juillet 1890, revenant à la législation antérieure, prescrit à l'administration de dégager immédiatement les terrains de parcours et les terrains vacants ou en déshérence, qui sont à présent distincts des terres de culture arch ou melk. Les terres de culture sont dès lors bien délimitées et bien séparées des communaux, puisqu'elles forment deux groupes distincts.

D'après le décret du 22 septembre 1887, les opérations de classement et de délimitation doivent être exécutées, comme on vient de le voir, par le commissaire délimitateur, en présence des gens du douar et à l'aide de leurs renseignements. Le procès-verbal et un plan constatent les résultats de ces opérations et sont déposés chez le juge de paix ou le maire, ainsi que chez le président de la djemaa ou l'adjoint indigène ou le cadi, et les intéressés ainsi avertis par des publications et affiches, sont admis, pendant un mois, à les consulter et à formuler leurs réclamations. Ces réclamations ne peuvent porter que sur la délimitation et le classement des immeubles. Nous n'examinerons que les réclamations contre le classement qui a compris un immeuble dans le groupe des cultures collectives ou dans le groupe des communaux ; supposons d'abord dans ce cas une réclamation tardive d'un indigène, propriétaire d'une parcelle melk : il n'y aura extinction définitive du droit revendiqué par le demandeur que si cette revendication affecte un immeuble communal ; si elle affecte une terre collective de culture, le demandeur encourt une déchéance, en ce sens qu'il ne peut pas faire rectifier le travail du commissaire délimitateur ; mais il conserve la possession de son immeuble, avec la possibilité de le convertir en propriété pleine et entière, au moyen de la procédure d'enquête partielle, organisée par la loi de 1897.

Supposons une réclamation produite dans le délai réglementaire ; elle sera inscrite sur un registre spécial et communiquée aux intéressés, c'est-à-dire ici, à l'adjoint indigène, au président de la djemaa, du douar ou de la tribu ; ceux-ci, s'ils ne veulent pas que l'immeuble reçoive, d'une façon définitive, le classement résultant de la déclaration, sont tenus de former opposition dans le délai d'un mois. Ces oppositions sont reçues par le juge de paix, le maire ou l'administrateur, qui est dépositaire du procès-verbal de délimitation, et notifiées en la forme administrative au réclamant, qui est obligé, à peine de nullité, d'introduire sa demande en justice contre qui de droit dans le mois qui suit cette notification. A l'expiration du même délai, le commissaire délimitateur clôture l'ensemble de son travail de délimitation et de répartition et le transmet à la Commission qui en arrête le résultat.

Cette délimitation et cette répartition du territoire de la tribu doivent être homologuées par l'autorité supérieure; cette homologation résulte actuellement d'un arrêté du Gouverneur général, statuant en Conseil de gouvernement. Réserve est faite, dans l'arrêté, des immeubles litigieux. Cet arrêté est inséré dans le *Bulletin des Actes du Gouvernement général de l'Algérie*.

Les mêmes opérations s'appliquent dans les tribus makhzen et dans les tribus des azels. Pour les tribus makhzen, il semble bien, d'après le décret de 1863 et les déclarations contenues dans l'exposé des motifs au sénatus-consulte [1], qu'elles devraient être déclarées propriétaires des territoires qu'elles occupent. Et de fait c'est ce qu'avait reconnu l'instruction ministérielle du 11 juin 1863, et c'est ainsi que plusieurs tribus makhzen ont été confirmées dans leurs possessions. Aujourd'hui cependant, l'Administration [2] songerait à les classer dans les biens domaniaux, décision qu'il semble difficile de concilier avec l'esprit libéral du sénatus-consulte.

Quant aux tribus des azels, rigoureusement rien n'a été changé dans la situation de ces tenanciers de l'Etat; en principe, le droit de propriété de l'Etat y est réservé; cependant le règlement d'administration publique déclara qu'il était dans l'esprit du sénatus-consulte de reconnaître aux tribus des azels, à défaut de compensations possibles sur d'autres territoires, des droits de propriété définitive sur une partie à déterminer du sol qu'elles occupaient. Plusieurs décrets ont été rendus en ce sens.

Telle est, dans son ensemble, la procédure qui a

[1] Rapport au Sénat par le général Allard. Estoublon et Lefébure, *Code de l'Algérie*, p. 269. — On y explique que les opérations de délimitation prévues par le législateur s'exerceront sur les tribus makhzen comme sur les tribus de terre arch.

[2] Instruction du 1er février 1888. Estoublon et Lefébure, *op. cit.*, p. 798.

été suivie et qui est encore suivie pour la délimitation et le classement des territoires arch des tribus. Ceux-ci comprenant les communaux et les terres de culture sont ainsi délimités et consacrés officiellement et en admettant même qu'ils n'aient jamais existé dans le droit musulman antérieurement à notre arrivée en Algérie, que ce ne soit qu'une conception de nos jurisconsultes et de nos légistes, cette conception a reçu depuis cinquante ans une application continue et créé une situation qu'on ne peut méconnaitre.

Les travaux du sénatus-consulte, en effet, ont été et sont encore régulièrement poursuivis ; on avait essayé de les suspendre de 1870 à 1887 ; mais l'Administration a reconnu son erreur et en a ordonné la reprise. Actuellement, en ce qui concerne la région du Tell, l'œuvre est achevée et les opérations de délimitation et de classement se poursuivent activement dans les régions du sud, des steppes sahariens.

DEUXIÈME PARTIE

Régime des terres arch.

Le sénatus-consulte de 1863 a, nous l'avons vu plus haut, reconnu aux tribus, personnes morales, la propriété de leurs terres ; mais au fur et à mesure de son application, ce droit de propriété devait subir des modifications profondes ; la répartition consécutive à la délimitation a pour effet de constituer, comme unité civile, à la place de la tribu, le douar ; c'est dorénavant lui qui est investi de la personnalité morale, c'est lui le titulaire d'une nouvelle propriété collective, exclusive de celle de la tribu. Le douar[1] est un véritable groupe administratif, une véritable commune arabe, ayant une individualité propre, un patrimoine distinct et qui a pour organe son conseil de notables, la djemaa. Ces djemaas sont instituées en territoire civil aussi bien qu'en territoire de commandement, dans les communes mixtes comme dans les communes indigènes ; leur organi-

[1] Ce que nous disons ici du douar s'applique *mutatis mutandis*, à la tribu, dans les territoires non encore sénatus-consultés. Le fonctionnement est absolument le même.

sation et leurs attributions sont réglées par l'arrêté du 11 septembre 1895[1] et du 28 mars 1897[2]. La djemaa se compose de l'adjoint indigène et des notables.

Pour la désignation des notables, membres de la djemaa, la section communale sera divisée en fractions, dont chacune sera représentée dans la djemaa par un ou plusieurs membres. Le nombre des notables à désigner pour chaque fraction sera fixé par arrêté du gouverneur général sur les propositions du gouverneur général ou du préfet, sans que le nombre total des membres de la djemaa puisse être inférieur à dix ou supérieur à seize. Les membres de la djemaa prendront le nom de kebir (pluriel kebar) en pays arabe et d'amin (pl. oumena) en pays kabyle[3].

En territoire de commandement, les Kebar sont nommés par le général commandant la division, sur la présentation du commandant supérieur du cercle ou du chef d'annexe et l'avis du général commandant la subdivision. Dans les communes mixtes du territoire civil, ils sont nommés par le préfet du département sur la présentation de l'administrateur ou du sous-préfet. Les Kebar ou les Oumena peuvent être suspendus ou révoqués de leurs fonctions

[1] Estoublon et Lefébure, p. 1044.
[2] *Id.* Année 1897, p. 74.
[3] Art. 3.

par le général commandant la division ou le préfet, suivant les territoires[1]. Ainsi donc par sa composition, la djemaa est un organe qui dépend étroitement de l'Administration ; en examinant son fonctionnement, nous voyons s'accentuer encore cette dépendance. Les délibérations des djemaas, dit l'article 15, doivent être soumises à la commission municipale de la commune.

La délibération de celle-ci ne sera exécutoire qu'après approbation du préfet ou du général commandant la division. Cette approbation sera donnée directement, sans qu'il y ait besoin d'une délibération de la commission municipale, par le commandant supérieur, l'administrateur ou l'autorité supérieure suivant les cas, lorsqu'il s'agira de conventions relatives au rachat du sequestre collectif, de l'application du sénatus-consulte de 1863, des questions de jouissance et de répartition des terres collectives de culture entre les habitants de la section. La djemaa et, en dehors d'elle, toute personne intéressée pourra se pourvoir contre la décision du préfet ou du général commandant la division devant le gouverneur général.

C'est cette djemaa, ainsi placée sous la tutelle absolue de l'Administration, qui a pour mission

[1] Art. 4 et art. 5.

d'exercer le droit de propriété reconnu aux douars. La nature de cette propriété et son mode d'exercice diffèrent profondément suivant qu'il s'agit de terres de parcours ou de terres de culture.

Les terres de parcours ne feront pas l'objet d'une étude bien longue; la seule question sujette à discussion, c'est celle de l'attribution des terres de parcours des régions sahariennes. Pour les autres, elles ne sont pas soumises à un régime anormal, ce sont de simples communaux, propriété de cette agglomération indigène, le douar, pendant de nos communes françaises; les règles du droit administratif pour la gestion de ces biens s'appliqueront donc; pour l'amodiation et l'aliénation de ces biens, les djemaas sont investies de droits identiques à ceux des conseils municipaux de France; ce sera la djemaa, mandataire légal du douar, qui pourra seule consentir leur aliénation; il faudra en outre l'autorisation administrative. Ce sera la djemaa qui délibérera encore sur les actions judiciaires et les transactions intéressant les biens communaux de la section [1]; l'administrateur dans ce cas représentera le douar en justice. Ainsi la situation de ces communaux est analogue à celle des communaux français. Seulement l'administration, peu confiante dans la prévoyance

[1] Arrêté du 11 septembre 1895, art. 14, par. 4 et 11, p. 1046. Estoublon et Lefébure.

des indigènes, exerce sur les djemaas une surveillance plus étroite, un contrôle plus rigoureux que sur les conseils municipaux, ainsi que le témoigne cette circulaire du gouverneur général du 15 septembre 1881 [1]; elle recommande, en effet, pour prévenir les abus, « de n'instruire les demandes d'aliénation formées par les djemaas qu'autant qu'il s'agit d'un groupe de population européenne, centre de colonisation ou ferme isolée, et à condition qu'il restera au douar, après la vente, un communal suffisant pour les besoins des habitants. »

L'attribution des terres de parcours dont se compose en majeure partie la région saharienne a fait l'objet de difficultés spéciales. Les mêmes difficultés s'étaient présentées à propos des terrains couverts d'alfa ou de senra sur les Hauts-Plateaux.

On ne peut pas assimiler ces terres aux communaux proprement dits; le genre de vie des tribus qui errent sur ces vastes territoires est différent de celui des indigènes qui habitent la région tellienne; ce sont des nomades au sens propre du mot; dans la région tellienne nombreuses aussi sont les tribus qui se consacrent à l'art pastoral et chez qui la culture des terres est chose fort secondaire : les indigènes s'y déplacent à la suite de leurs bestiaux en

[1] Estoublon et Lefébure, p. 351 *ad notam* (n° 4).

quête de pâturages; mais ces déplacements n'ont lieu que dans un parcours très restreint dans une région dont les limites sont bien déterminées et assignées depuis un temps immémorial à la tribu. Toute autre est la situation dans l'immensité du Sahara. Nous n'avons, pour nous en rendre compte, qu'à consulter les documents administratifs. « En dehors des surfaces occupées par les ksours, les oasis et les rares cultures, dit la circulaire du gouverneur général du 31 janvier 1893[1], on ne rencontre dans cette immense partie du territoire algérien que des espaces parcourus d'une façon intermittente par des groupes de nomades en quête de pâturage qui ne font qu'un séjour sur un point pour transporter plus loin leurs campements provisoires dès que les herbages ne suffisent plus à la nourriture de leurs troupeaux. Ces séjours ont un caractère intermittent, ils se produisent à des époques souvent éloignées les unes des autres. »

En présence de cette situation, il fallait faire un choix parmi les trois solutions que comportait cette question. On pouvait, en effet, reconnaître les tribus propriétaires des terres qu'elles parcouraient ainsi ou les attribuer à l'Etat à titre de biens vacants et sans maître; dans ce dernier cas, on pouvait recon-

[1] Estoublon et Lefébure, p. 953.

naitre aux tribus un véritable droit d'usage, comme celui grevant les forêts domaniales, ou bien ne leur reconnaitre aucun droit et les laisser entièrement à la merci de l'administration.

Le premier système ne pouvait guère se soutenir malgré l'article 1er du sénatus-consulte qui reconnait les tribus propriétaires des terrains dont elles ont la jouissance effective, permanente et traditionnelle. Ces expressions ne peuvent pas s'appliquer au mode de jouissance des tribus sahariennes, elles ne font que passer à des intervalles éloignés et intermittents; il y a simplement usage dans le fait de faire pacager de la sorte les bestiaux.

Quant à conclure de là, comme le fait l'administration, que les indigènes n'ont aucune espèce de droits et que le fait d'user des terres de parcours n'a que le caractère d'une tolérance de la part de l'Etat, propriétaire du fonds, c'est excessif et rien n'autorise une pareille solution. Si ces territoires ne font pas l'objet d'un droit de propriété de la part des tribus, ils sont tout au moins grevés d'une véritable servitude au profit de ces tribus; il faut reconnaître à celles-ci un véritable droit d'usage, de parcours et de pâturage, analogue à celui qu'elles exercent dans les forêts domaniales. La principale ressource des nomades consiste, en effet, dans leurs troupeaux, et une condition primordiale de leur entretien, c'est l'existence de ces droits d'usage sur les vastes steppes du Sahara. Ce sont des droits qu'ils ont exercés depuis un temps immémorial et qui ont fait même l'objet de conventions entre les tribus.

M. le commandant Aublin disait, en effet, devant la Commission supérieure de la propriété indigène, « que les tribus, sur le territoire desquelles se trouvent des terres à alfa ont des traités de réciprocité avec les nomades du sud qui viennent, en été, faire paître leurs bestiaux dans les alfas des Hauts-Plateaux et qui permettent à leur tour aux gens des hauts plateaux de mener les troupeaux, en hiver, dans les pâturages du Sahara [1] ». Des droits d'une importance aussi capitale doivent être reconnus et consacrés juridiquement ; cette servitude ne doit pas être transformée en tolérance, en simple gracieuseté de la part de l'Etat. C'est donner à des intérêts aussi importants un fondement trop fragile que de les faire dépendre du caprice de l'administration et de la confiance en la réalisation de ses promesses. La reconnaissance de ces droits n'est d'ailleurs pas de nature à mettre des entraves aux tentatives d'entreprises européennes qui se porteraient sur les territoires du sud. Les particuliers ou les sociétés d'entreprise agricole ou industrielle, au lieu de traiter

[1] Robe, *La propriété immobilière en Algérie*, 1875, p. 117.

uniquement avec l'Etat, traiteront aussi avec les communes indigènes quand leurs entreprises devront porter atteinte aux droits d'usage de ces dernières. C'est ce qu'avait décidé la Commission supérieure de la propriété indigène à propos de terres à alfa. « Toute réserve doit être faite des droits de l'Etat et des communes subdivisionnaires représentant les tribus ; il y avait lieu, disait-elle, de déclarer que l'Etat et la commune subdivisionnaire devront, dans la mesure de leurs droits respectifs restant à déterminer, participer aux conventions à intervenir avec la Compagnie financière en instance pour la concession de l'exploitation des terrains à alfa. »

Les terres de culture sont soumises à un régime profondément différent de celui des communaux. Elles se distinguent de ceux-ci par leur caractère physique et leur caractère juridique ; ce qui les caractérise au point de vue physique, c'est qu'elles sont cultivées ; on y pratique la culture des céréales, orge et blé, suivant un mode d'assolement déterminé par la coutume ; les communaux, au contraire, sont des terres de parcours ou de dépaissance. Au point de vue juridique, nous allons distinguer et étudier séparément le droit de la tribu ou des douars, et celui des possesseurs qui les cultivent.

C'est la tribu ou le douar, personne morale, qui

est titulaire du droit de propriété, et non chacun des membres qui la composent[1]. C'est ce qui résulte formellement des textes du sénatus-consulte. L'article 1, en effet, déclare les tribus propriétaires des territoires dont elles ont la jouissance permanente et traditionnelle, et l'article 2 dit qu'il sera procédé à la répartition de cette propriété entre les douars.

Ce droit, ainsi consacré législativement, est d'une nature essentiellement précaire et transitoire.

Il est précaire, étant soumis à une double restriction. Il est limité en premier lieu par le droit des possesseurs, dont nous étudierons plus loin la nature et l'étendue, et qui réduit en quelque sorte le droit du douar à un droit de nue-propriété ; en second lieu, par l'inaliénabilité dont sont frappées ces terres de culture et qui les met en dehors du commerce. Cette interdiction d'aliéner, contenue dans l'article 23 du décret du 23 mai 1863, s'applique non seulement aux particuliers, mais s'étend encore aux actes d'aliénation que pourraient consentir les djemaas [1]. C'est une conséquence du droit reconnu aux posses-

[1] Jugé en ce sens, Alger, 31 décembre 1873. (*Journal algérien*, 1873, 76) ; 20 décembre 1878 (*Bulletin algérien*, 1879, 149). — Cass., 5 août 1874 (J. D., 1874, 50).

[2] Circulaire du gouv. génér., 25 janvier 1873. Estoublon et Lefébure, p. 277 *ad notam*.

seurs et de l'affectation de ces terres qui sont destinées à être réparties entre les membres du douar et à être cultivées par eux.

Il est transitoire, devant prendre fin par la constitution de la propriété individuelle, au fur et à mesure que les indigènes feront transformer leur possession en droit de propriété privative, pleine et entière, au moyen de la procédure d'enquête partielle organisée par la loi du 16 février 1897.

Malgré toutes ces restrictions, le droit de propriété de la tribu ou des douars n'en existe pas moins et reçoit plusieurs applications.

Une première conséquence qu'en a tiré la jurisprudence algérienne, c'est que, seul, le douar aura qualité pour intenter une action en revendication de terres de cultures qui lui ont été attribuées, à l'exclusion des particuliers agissant *ut singuli* [1].

La principale conséquence qui résulte de ce droit de propriété appartenant aux douars, c'est que ce sera par leur organe, la djemaa, que seront tranchées les questions de jouissance et de répartition des terres collectives de culture entre les habitants de la section et que seront examinées les réclamations à ce sujet. Les djemaas, pour l'attribution et la répartition de ces terres entre les membres du douar, s'inspireront

[1] Alger, 17 mars 1891 (*R. A.*, 1891, p. 167).

des règles et coutumes traditionnelles de la tribu. Nous avons vu qu'elles jouissent de prérogatives assez considérables et qu'elles peuvent prononcer la déchéance du possesseur s'il laisse sa terre en friche ou s'il l'abandonne. C'est aussi en vertu de leur droit de propriété que ces terres leur font retour à défaut d'héritier mâle ; elles peuvent, dans ces cas, en disposer et ont toute latitude pour en faire l'attribution à un membre quelconque du douar de leur choix.

Il ne faut pas confondre ces questions de jouissance et de répartition des terres collectives de culture et les réclamations qui peuvent se produire à ce sujet, avec la question du classement des immeubles en arch ou melk. Les tribunaux judiciaires sont seuls compétents pour se prononcer sur le caractère des immeubles litigieux et pour se prononcer sur le classement des immeubles dans l'un ou l'autre groupe. C'est ce qui résulte formellement des articles 12 et 15 du décret du 23 mai 1863 [1] et de l'article 13 du décret du 22 septembre 1887 [2]; d'ailleurs dans les territoires, déjà soumis à l'application du sénatus-consulte, et auxquels le caractère arch a été reconnu, les contestations sur la propriété des terres ne sont plus susceptibles de se produire, une fois

[1] Estoublon et Lefébure, p. 277.
[2] *Id.*, p. 773.

l'attribution de ces terres au douar opérée conformément aux décisions judiciaires intervenues; ce n'est que dans les tribus non sénatus-consultées que les tribunaux pourront être appelés à se prononcer sur le caractère arch ou melk du sol, au cas où un indigène revendiquerait comme melk une terre prétendue arch par la collectivité ou réciproquement. Mais une fois que le caractère arch d'un immeuble est incontestable, soit par le fait de son classement, en suite des opérations du sénatus-consulte, soit par suite d'une décision judiciaire pour les terres non sénatus-consultées, les contestations susceptibles de se produire alors ne peuvent avoir trait qu'à des prétentions individuelles à la jouissance du sol. C'est sur la question de savoir quelles étaient les autorités compétentes pour juger ces différends, qu'il y avait, avant la loi du 16 février 1897, des divergences d'opinion qui auraient pu être la source de nombreux conflits entre l'autorité administrative et judiciaire.

Le procureur général de la Cour de cassation revendiquait pour l'autorité judiciaire la connaissance de ces litiges[1] et l'administration soutenait avoir en cette matière une compétence exclusive[2].

[1] Estoublon et Lefébure, p. 974. Avis du procur. gén. de la Cour de cassation.

[2] *Id.*, Circulaires du gouv. gén., 2 décembre 1878 (p. 506), du 12 février 1883 (p. 507), du 9 avril 1890 (p. 506), 24 février 1893 (p. 911), 24 août 1893 (p. 973).

Nous n'entrerons pas dans l'examen approfondi de ces deux thèses, ce qui n'offrirait qu'un intérêt rétrospectif; la loi du 16 février 1897 a, en effet, tranché le différend et tari pour l'avenir cette source de conflits, en disposant, dans son article 13, « que, à partir de l'arrêté du gouverneur général, qui aura homologué les opérations d'enquête partielle en vue de la constitution de la propriété individuelle en territoire de propriété collective, les contestations relatives à la propriété des immeubles sis en ce territoire seront de la compétence des tribunaux judiciaires. » Jusqu'à cette homologation, par conséquent, les contestations dont ces terres seront l'objet, et qui ne pourront porter que sur le fait de la jouissance et de la possession, puisque la propriété individuelle n'y est pas encore constituée, continueront à être de la compétence de l'administration. La question a donc été résolue par voie législative.

Le procureur général de la Cour de cassation faisait remarquer dans sa thèse que le droit des détenteurs du sol arch est un véritable droit privatif *sui generis*, et susceptible de donner ouverture à une véritable action possessoire, de la compétence des tribunaux ordinaires.

Tous les arguments tirés de la législation française ne sont d'aucune valeur en terre arch, dont la situation, jusqu'à sa francisation, qui doit résulter de la constitution de la propriété individuelle dans le douar, est uniquement déterminée par les lois musulmanes et les coutumes indigènes ; or en droit musulman ces terres étaient placées en dehors de la juridiction des cadis ; c'était l'autorité administrative, djemaas ou fonctionnaires du beylick, qui connaissait des litiges relatifs à l'attribution et à la jouissance des terres arch ; par suite, le sénatus-consulte n'ayant apporté aucune modification à cette situation, c'était à l'administration française, succédant aux droits et prérogatives du Beylick, que revenait la connaissance de ces litiges. D'ailleurs à l'Administration seule incombe le soin de constituer dans ces terres la propriété privée d'après la jouissance privative. Permettre à un autre pouvoir de décider des questions de jouissance aurait été annihiler l'action de l'Administration, puisque cette dernière serait tenue de constituer la propriété d'après cette jouissance ; de plus cette jouissance s'attribue et se détermine d'après des règles purement coutumières pouvant varier suivant les tribus et que les djemaas sont mieux à même de connaître que les tribunaux judiciaires : il faut en effet vivre au milieu des indigènes, connaître leurs mœurs, pénétrer dans leur existence intime pour trancher ces questions de jouissance et par là même les questions d'attribution de propriété qui en découleront.

Ce sont toutes ces considérations qui ont fait triompher la thèse de la compétence exclusive de l'Administration. La compétence des tribunaux en cette matière se restreint simplement aux questions de dommages-intérêts, pouvant être attribués aux indigènes victimes d'usurpation et ne peut s'exercer à cet égard qu'après que le droit des plaignants à la jouissance exclusive des terres contestées a été formellement reconnu par une décision de l'autorité administrative[1].

Ainsi le droit de propriété reconnu à la tribu ou au douar, dans les terres de culture, a pour résultat de donner aux djemaas d'importantes prérogatives; mais, comme nous l'avons dit plus haut, il est singulièrement limité par le droit des détenteurs et sujet à s'éteindre par la constitution de la propriété individuelle. L'étude de ces deux questions fera l'objet de deux paragraphes distincts : 1° Du droit des détenteurs dans les terres de culture ; 2° De la constitution de la propriété individuelle dans ces terres.

Droit des détenteurs dans les terres de culture.

Tout d'abord, rejetons la thèse de M. Franck-Chauveau, qui croit devoir reconnaître aux détenteurs

[1] Circulaire du procureur général du 10 juin 1897. *Code de l'Algérie*. Estoublon et Lefébure, p. 91.

du sol arch un droit de copropriété, ce qui ferait de ces détenteurs des copropriétaires indivis, des communistes. M. Franck-Chauveau confond en effet les melk collectifs avec les terres arch ; ce sont deux catégories de terre d'une nature complètement différente, ainsi que nous l'avons déjà fait remarquer. Dans la terre arch, le droit de propriété n'appartient pas aux membres du douar, pris individuellement, mais au douar, personne morale. La possession, à la différence des melks collectifs, s'y exerce par parcelles distinctes et définies. Les détenteurs ne sont donc pas des copropriétaires indivis. Mais alors faut-il leur reconnaître un véritable droit réel *sui generis*, se rapprochant sensiblement du droit d'usufruit, ou faut-il, avec l'Administration, n'admettre dans les territoires arch que des occupations de fait, des compétitions ou des droits éventuels[1] ?

Il semble excessif de soutenir que la situation des indigènes dans ces terres n'est qu'une occupation de fait. C'est un véritable droit qu'il faut leur reconnaître, un droit réel, mais d'une nature spéciale et soumise à des règles particulières.

Leur jouissance, il est vrai, est une jouissance précaire, en ce sens qu'elle est exclusive de la posses-

[1] Circulaire du 29 janvier 1873. Estoublon et Lefébure, p. 217, *ad notam*.

sion de bonne foi et qu'elle n'est pas de nature à conduire à la prescription de la propriété[1]. Ce droit ne leur donne pas davantage la faculté de disposer au profit des tiers des terres dont ils ont la jouissance. Cette inaliénabilité résulte de l'attribution de la propriété des terres arch au douar; une vente de ces terres serait en effet nulle comme vente de la chose d'autrui[2]; mais cette prohibition d'aliéner a pour fondement d'autres motifs plus importants que ce motif juridique. Ce n'était pas soit en 1863, soit en 1873, soit en 1897, le souci de voir des Européens s'engager imprudemment au milieu des tribus insoumises, qui, comme en 1851, motivait cette interdiction d'aliéner; c'était la crainte des spéculations dangereuses pour les ayants-droit, étant données l'incertitude et la précarité du droit des occupants; car ce que possèdent les occupants, c'est un droit de jouissance *sui generis;* en fait de propriété, ils n'ont que l'éventualité d'une attribution à titre privatif, après vérification et consolidation de leur droit de jouissance par l'Administration; cette attribution est essentiellement subordonnée à la détermination du droit des autres cooccupants; on conçoit, dans ces conditions, quelles facilités donnerait aux spéculations malhonnêtes la brusque levée de l'interdiction. L'expérience

[1] Alger, 23 décembre 1889. (*R. A.* 1890, 106).

[2] 21 avril 1890. Tribunal d'Oran. (*R. A.* 1890, 503).

qui a pu être faite au moyen des enquêtes partielles que la loi du 23 avril 1887 avait permis de requérir préalablement à la réalisation de toute vente en territoire arch, prouve que cette crainte n'est pas chimérique. Dans un très grand nombre de ces enquêtes, il a été constaté que les terrains promis en vente n'étaient pas en la jouissance des auteurs des promesses de vente et devaient être attribués en propriété à d'autres indigènes qui exerçaient cette jouissance ou au domaine de l'Etat, propriétaire naturel des biens vacants et sans maître[1]. La nécessité de rendre la situation plus nette, avant d'autoriser les aliénations dans ces terres, n'est donc pas illusoire.

La loi du 28 avril 1887, en autorisant « dans les territoires arch, les promesses de vente au profit d'Européens, à la charge par l'un des contractants de se mettre en instance, dans le délai de trois mois, pour obtenir de l'Administration la délivrance d'un titre de propriété[2] », n'a pas fait disparaître cette inaliénabilité, ni transformé, comme on l'a soutenu en droit de co-propriété le droit des possesseurs. Les termes mêmes de la loi le prouvent péremptoirement. Ce qu'autorise la loi de 1887, dans les

[1] Rapport de Pourquery de Boisserin à la Chambre des députés. *Code de l'Algérie*. Estoublon et Lefébure, p. 63.

[2] Article 7, loi du 28 avril 1887.

territoires arch, où les opérations prescrites pour la constitution de la propriété individuelle n'ont pas encore été effectuées, c'est, non pas la vente d'un droit qui n'existe pas encore, mais la promesse de la vente d'un droit éventuel. C'est une vente conditionnelle, subordonnée à la reconnaissance et à la consolidation du droit des occupants, au moyen d'une enquête partielle. On peut donc dire que tant que l'Administration n'a pas constitué le droit individuel de l'occupant, la vente est non avenue et dépend du résultat de l'enquête partielle.

En tout cas, si l'on pouvait avoir des doutes, la loi du 16 février 1897 [1] les a fait cesser. En effet, cette loi abroge la procédure d'enquête partielle organisée au profit d'Européens, dans les territoires arch, par la loi de 1887, et dispose, dans son article 13, « que les terres arch ne peuvent passer sous le régime du droit commun, qu'à la suite d'une enquête partielle homologuée par le Gouverneur général, en conseil du Gouvernement ». Il suit de là que l'aliénation, avant l'accomplissement de cette formalité, est nulle et que seul le possesseur ou le prétendant droit à la possession d'une terre arch, a qualité pour provoquer l'ouverture d'une enquête partielle ; tout individu se disant concessionnaire des

[1] Estoublon et Lefébure, *op. cit.*, 1897, p. 61.

droits indigènes occupants, demandant l'ouverture de cette enquête, sera purement et simplement écarté. Cette loi consacre donc le principe de l'inaliénabilité dans les terres arch ; la propriété n'y devient aliénable qu'après sa transformation en propriété individuelle.

L'inaliénabilité des terres arch a comme corollaire leur insaisissabilité, de telle sorte que la situation de ces terres ne comporte aucune transaction privée ; le possesseur, obligé d'exploiter lui-même, ne peut pas les donner à bail, il ne peut pas les hypothéquer et, sur les constructions par lui élevées sur cette terre, il n'est pas investi d'un droit immobilier susceptible d'hypothèque ; il y a, en effet, impossibilité à les engager ou à les adjuger en justice [1].

Le décret du 13 décembre 1866 [2] a même prolongé leur insaisissabilité au delà de leur transformation en propriété individuelle [3]. Dans un but de protection à l'égard des indigènes, ne voulant pas que leur propriété, à peine constituée, leur fût arrachée, le législateur dispose, dans ce décret, que les terres réparties entre les occupants sont insaisissables pour dettes contractées antérieurement à la déli-

[1] Alger, 31 décembre 1873 (*S. A.* 1873-76). — 23 décembre 1889 (*R. A.* 1890, 106).

[2] Estoublon et Lefébure, *op. cit.*, p. 325.

[3] Alger, 23 décembre 1889 (*R. A.* 1890, 106).

vrance du titre définitif de la propriété ; il en est de même, dit le même article, du prix d'aliénation qui n'aurait pas encore été payé ; c'est afin de permettre à l'indigène de se procurer les capitaux nécessaires à la mise en valeur de sa propriété, qui ne soient pas la proie de ses créanciers antérieurs ; il pourra, à cet effet, vendre une partie de sa terre, ou trouver facilement dans ces conditions à emprunter sur hypothèque. Pour ne pas le priver des moyens d'exploiter la terre dont on lui octroie la propriété, « les fruits naturels, non encore déplacés, les animaux, les ustensiles servant à l'exploitation sont également insaisissables pendant cinq ans ». Enfin, la loi fortifie le propriétaire contre lui-même et défend son crédit futur, en décidant que la renonciation à cette insaisissabilité, bien que consentie par lui, ne serait pas opposable aux créanciers postérieurs à la constitution de la propriété individuelle[1].

Nous avons ainsi établi l'existence et l'étendue de cette inaliénabilité, restriction aux droits des possesseurs. Une autre restriction que nous avons déjà étudiée, c'est celle qui résulte de la surveillance exercée par la djemaa et l'Administration sur leur culture ; nous savons qu'en cas d'abandon ou d'in-

[1] Alger, 11 novembre 1890 (*R. A.* 1891, 129).

culture, ils sont déchus de leur droit. Toutes ces restrictions ne suffisent pas pour conclure à une simple occupation de fait de la part des possesseurs.

Car leur possession s'exerce divisément, par parcelles distinctes et définies. Le possesseur a le droit de conserver la jouissance des superficies qu'il détient, tant qu'il continuera à les vivifier et à les mettre en valeur. Bien plus, il la transmet à ses héritiers; cette transmission héréditaire se fait, il est vrai, suivant des règles spéciales et il y a dérogation aux règles successorales musulmanes. La terre arch, exactement comme notre ancienne terre salique, n'est transmissible héréditairement qu'au profit des mâles. La femme est exclue généralement de la jouissance de la terre arch. Cela tient non seulement à ce qu'elle est incapable de la cultiver et de la défendre, mais surtout à ce que l'attribution d'une portion de cette terre à la femme aurait pour effet de détruire l'homogénéité de la communauté. A défaut d'héritier mâle direct, les collatéraux héritent aussi s'ils sont insuffisamment pourvus de terres. La terre ne fait retour à la communauté qu'à défaut d'héritier mâle direct ou à défaut de collatéraux non pourvus de terre. Malgré toutes ces dérogations aux règles ordinaires des successions, ce droit de jouissance n'en est pas moins transmissible héréditairement.

Enfin, le détenteur, de sa propre initiative, a le droit de faire transformer sa jouissance en propriété privative pleine et entière, en demandant à l'Administration l'ouverture d'une enquête partielle.

C'est là une situation qui procure des avantages trop certains et trop incontestables pour être qualifiée une simple occupation de fait. C'est un véritable droit réel, *sui generis*, mais sanctionné et garanti par l'autorité administrative, en dehors de la compétence des tribunaux judiciaires.

Aussi en cas d'expropriation par exemple de terres de propriété collective, bien que l'ordonnance de 1844 ne présente pas de disposition spéciale qui leur soit applicable, il faut s'en tenir au principe qu'elle consacre et procurer aux indigènes une légitime réparation. Des indemnités d'expropriation doivent être payées aux détenteurs de ces biens dans la proportion des surfaces qu'ils possèdent et qui leur reviendraient si la constitution de la propriété individuelle était effectuée dans le douar [1].

De la constitution de la propriété individuelle en territoire de propriété collective.

Les terres arch sont de leur nature transitoires et sont destinées à être transformées en terres de pro-

[1] Tilloy, *Le régime municipal en Algérie*, p. 69.

priété individuelle. Nous allons étudier les divers procédés qui ont été employés pour la constitution de cette propriété individuelle. Il s'agit ici, remarquons-le préalablement, d'une création de droits nouveaux; il faut remplacer la propriété collective de la tribu ou du douar par la propriété de l'individu; l'autorité pourra seule lui tracer son étendue et ses limites; c'est elle seule qui peut investir l'individu de ce droit, constitué sur les ruines du droit collectif; elle n'aura qu'à transformer pour cela le droit de jouissance des possesseurs en droit de propriété. Mais pour cette opération, l'autorité judiciaire n'est en aucune façon compétente. Ce sont des questions qui sont de la compétence des commissions d'enquête et en dernier ressort du Conseil de Gouvernement.

On a conçu deux systèmes de procédure différents pour arriver à la constitution de cette propriété individuelle : un système de procédure général, d'ensemble, embrassant toute la circonscription de la tribu ou du douar, appliqué d'office par l'Administration, et un système de procédures d'enquêtes partielles, dont l'application est laissée à l'initiative des particuliers.

On a d'abord eu recours à la première procédure. Le sénatus-consulte de 1863, dans son titre III, organisait une procédure de ce genre pour les territoires arch dont il venait d'ordonner la délimitation et le classement. Un décret désignait les douars où elle devait être exécutée; des commissions préparaient un projet d'allotissement entre les divers intéressés et le leur communiquait; les réclamations devaient être produites dans le délai d'un mois. Les commissions jugeaient elles-mêmes ces litiges et l'opération devait aboutir à la délivrance aux divers possesseurs de titres de propriété définitifs.

Mais les auteurs du sénatus-consulte, comprenant que la transformation de la situation des terres arch ne devait pas être livrée au hasard, avaient laissé l'Administration juge de l'opportunité de cette mesure et lui avaient conféré la faculté de décider à quel moment et dans quelles tribus on substituerait les droits individuels incommutables au droit collectif du douar. L'Administration, jugeant probablement qu'il était plus prudent de temporiser et que l'octroi de la propriété individuelle aux indigènes, étant donnés l'état de leurs mœurs et leur situation économique, présenterait plus d'inconvénient que d'avantage, n'aborda nulle part cette opération. Ce n'est qu'en 1870 que le Gouvernement impérial songea à commencer les opérations relatives à la délivrance des titres de propriété. Un décret du 31 mai 1870 établit les conditions dans lesquelles il y serait procédé; mais les événements de la guerre empêchèrent de mettre ces mesures à exécution.

Le législateur du 23 février 1873, sous l'influence des idées dont Prévost Paradol s'était fait l'éloquent interprète, voulut, sans plus tarder, organiser la propriété individuelle des cultivateurs indigènes, dans le but de mobiliser le sol et d'y rendre les lois françaises applicables. De la procédure qu'il a organisée à cet effet, nous ne retiendrons que ce qui a trait à la propriété collective et à sa désagrégation entre les individus.

Un arrêté du Gouverneur général désignait les circonscriptions où il devait être procédé à cette opération. Il était nommé un commissaire enquêteur qui se rendait sur les lieux ; là, il établissait, à l'aide de documents, requêtes, témoignages et pièces justificatives, relatifs à la propriété et à la jouissance du sol, le droit des intéressés, sans déterminer, en cas d'indivision, les éléments du partage, qui ne pouvait être poursuivi qu'après la délivrance des titres français de propriété, en vertu de l'article 815. Le procès-verbal établissant les droits de chaque cooccupant était soumis à l'approbation du Gouverneur général, qui statuait en conseil du Gouvernement. Immédiatement après l'arrêté d'homologation, qui devait être pris dans le délai de deux mois, il devait être procédé par le service des domaines à l'établissement des titres nominatifs de propriété. « En cas d'indivision constatée, les titres devaient exprimer, en regard du nom de chaque propriétaire, la quote-part à laquelle il avait droit, sans appliquer, néanmoins, cette quote-part à aucune des parties de l'immeuble. »

La première méprise commise par le législateur de 1873, avait été de croire qu'il aurait pu directement arriver à la constitution de la propriété individuelle dans les territoires où les opérations de délimitation et de classement prescrites par le sénatus-consulte n'avaient pas encore été effectuées, et d'avoir, en conséquence, suspendu l'application du sénatus-consulte.

Cette erreur rendait l'application de la loi de 1873 impraticable dans les territoires non sénatus-consultés; pour savoir, en effet, s'il fallait y constituer ou simplement y constater la propriété individuelle, il fallait préalablement y définir le caractère qu'y affectait la propriété, privatif ou collectif; de plus, une fois le caractère de propriété collective reconnu, il était nécessaire de délimiter cette propriété qui appartenait à la tribu, et de la désagréger entre les douars, avant de songer à faire des attributions individuelles. Cette erreur fut bientôt reconnue et corrigée par le législateur du 28 avril 1887, qui ordonna formellement la reprise des deux premières opérations du sénatus-consulte.

Le législateur de 1873 avait encore fait une autre

confusion regrettable. Il a voulu supprimer la distinction entre le melk et l'arch, et la remplacer par une nouvelle distinction entre la propriété privée et la propriété collective. Mais le sens qu'il donne à ces deux expressions est équivoque, et si l'on consulte les travaux préparatoires, il semble bien qu'il a fait une confusion entre la propriété collective et indivise. Les terres de propriété privée, où il n'y aurait qu'à procéder à la constatation de la propriété, seraient celles qui seraient possédées par un individu ou une même famille, les terres de propriété collective, celles qui seraient possédées à l'état d'indivision entre plusieurs familles [1] ; nous avons vu qu'une telle distinction, basée sur la parenté ou le plus ou moins grand nombre des cooccupants, était factice et ne correspondait pas à la réalité des choses. Il résulte de là que le législateur fait rentrer dans les terres de propriété collective de véritables melks, les melks indivis qu'il soustrait ainsi à la compétence des tribunaux de droit commun. Quant aux terres arch, où la propriété n'est pas indivise, mais collective, appartenant au douar, personne morale, il paraît ignorer leur existence ou les confondre avec des melks indivis, en les appelant des terres de grande indivision. Qu'en résulta-t-il ?

[1] Exposé des motifs de la loi de 1873 et de 1887.

Nous avons vu que le législateur, se sentant impuissant à détruire, par la seule application d'un texte de loi, l'indivision familiale entrée dans les mœurs, et de tradition séculaire chez les indigènes, avait donné mission au commissaire enquêteur de constater seulement sur les titres, en regard du nom de chaque ayant-droit, la part idéale revenant à celui-ci dans le fonds exploité en commun. L'article 815 du Code civil recevant son application par suite de la suppression du droit de chefaa et la soumission de l'immeuble à la loi française, il pouvait espérer que le libre jeu des transactions et des partages finirait par amener tôt ou tard la véritable propriété individuelle ; mais, en attendant, les copropriétaires restaient dans l'indivision.

Aussi l'application de la loi de 1873 dans les territoires arch, rendant tous les membres de la tribu, ou tout au moins tous ceux qui cultivent, de véritables copropriétaires indivis, transformait la possession distincte et divise de chacun des détenteurs ou de leur famille en une grande indivision atteignant des proportions extraordinaires. Pour obvier à cet inconvénient, la loi de 1887 dispose dans son article 2 que le commissaire enquêteur devra procéder à un partage effectif entre les familles indivises toutes les fois que les immeubles seront commodément partageables.

Les systèmes d'enquête générale ainsi exposés, nous allons en étudier les résultats dans la pratique et nous convaincre ainsi de l'inutilité et même du danger de ces vastes et coûteuses opérations, aboutissant à la délivrance de titres administratifs de propriété pour toutes les terres d'un domaine.

L'expérience a prouvé qu'il était inutile de chercher à imposer aux Arabes le bienfait d'une propriété individuelle, dont ils ne sont pas à même de comprendre le prix. A quoi bon transformer la propriété collective en propriété privée ? Il est évident que ce serait un progrès désirable et propre à améliorer l'état social des indigènes, mais qui ne peut se réaliser en dehors d'une transformation des idées, des besoins et des moyens de satisfaire ces besoins. Les indigènes sont loin de cette transformation ; la délivrance de titres individuels de propriété ne les empêche pas de continuer à vivre dans une indivision qui leur est chère ; la transformation même des terres arch en propriété individuelle ne fait que l'augmenter ; car bien que ces terres soient alors francisées, les musulmans conservent leur statut successoral ; or la théorie des successions musulmanes est touffue et compliquée ; le droit de succession en pleine propriété au conjoint survivant élargit considérablement l'indivision ; à chaque génération, à chaque mariage, l'application du statut successoral musulman rendra l'indivision de plus en plus difficile à liquider et la confusion de plus en plus grande ; dans les terres arch l'indivision au contraire ne s'étend jamais bien loin, elle se réduit à la famille au plus ; cela tient aux règles de succession spéciales à ces terres, surtout à l'exclusion des femmes de l'hérédité et au pouvoir d'intervention de la djemaa dans les questions d'attribution et de jouissance qui y sont relatives.

Loin donc d'améliorer d'une façon quelconque la situation des indigènes des terres arch, la loi de 1873 a eu des conséquences déplorables. Il est arrivé que le commissaire enquêteur, pour simplifier les difficultés de sa tâche, établissait au mépris des arrangements antérieurs des indigènes des groupements de parcelles arbitraires, attribuant à Mohammed les terres possédées par Ali, semant ainsi dans la tribu des causes de trouble et de discorde [1]. Au lieu de prendre la possession de fait comme base de la répartition de la propriété entre les occupants, ainsi que le décidait l'article 3 de la loi de 1873, il réglait leurs droits respectifs d'après une généalogie plus ou moins imaginaire, remontant à l'auteur commun, c'est-à-dire à plusieurs siècles parfois [2].

[1] Thiébault, *Déposition devant la Commission sénatoriale*, p. 8.

[2] Instruction du 10 novembre 1887, p. 2.

La conséquence c'était la multiplication des copropriétaires indivis et la réduction de la part de chaque ayant-droit à une part infinitésimale d'immeuble.

A la faveur d'une acquisition d'une de ces parts minimes des spéculateurs trop habiles provoquaient des licitations et des partages, en toute liberté, puisque le droit de chefaa était aboli ; ces partages, étant donné le nombre des copropriétaires, étaient si onéreux et si ruineux que la valeur de l'immeuble était insuffisante pour couvrir les frais de la licitation. La loi de 1887 cherche bien à alléger la procédure, en admettant les défendeurs indigènes à nommer un mandataire unique pour les représenter, mais une fois seulement et au cours d'un délai de cinq ans à compter de la constitution de la propriété. C'était un palliatif insuffisant et qui n'arrêta pas le scandale du dépouillement des indigènes au profit de quelques spéculateurs, souvent peu scrupuleux.

La seule conséquence de la loi de 1873 dans les terres arch, c'était d'amener la ruine et la spoliation des possesseurs ; quant à la situation en fait des immeubles, elle n'était pas changée ; on avait beau entrer dans l'attribution en détail pour chaque individu de la part idéale qui lui revenait, en réalité l'exploitation se continuait comme par le passé et souvent en contradiction avec les titres délivrés par l'Administration. C'est que la grande erreur du législateur c'est d'avoir voulu imposer aux indigènes nos conceptions modernes sur la propriété, avant que leurs mœurs aient été assez profondément modifiées au contact de notre civilisation. Aussi l'expérience d'une constitution de propriété individuelle, suivant une procédure d'ensemble, et imposée par l'administration, a-t-elle échoué piteusement. Elle dut être interrompue.

Le législateur du 16 février 1897, comprenant cette erreur, a abandonné l'idée d'une procédure d'ensemble tendant à constituer la propriété individuelle dans toute l'étendue du Tell algérien et à la franciser d'office et y substitue un système d'enquêtes partielles et facultatives, pouvant être ouvertes à la requête de tout possesseur.

Ce n'est pas une innovation complète ; déjà la loi de 1887 avait, nous l'avons vu, organisé dans les territoires arch une enquête partielle, mais il fallait qu'il y eût promesse de vente et promesse de vente à un Européen ; nous laisserons de côté cette procédure, qui avait de nombreux points de ressemblance avec celle instituée par la loi de 1897 et qui d'ailleurs a été abrogée par cette dernière loi. Sous l'empire de la loi de 1897, tout possesseur d'une terre arch pourra toujours obtenir, après enquête, la délivrance d'un titre, constituant à son profit un droit de propriété ; et cela, que ce soit ou non dans l'intention de le vendre à un Européen ou à un autre indigène ou bien encore de l'hypothéquer ; il suffit qu'il veuille simplement profiter des avantages que lui offrirait la transformation de son droit de jouissance un peu précaire, en droit de propriété incommutable. Les formes et les conditions dans lesquelles les enquêtes partielles devront être effectuées et les titres délivrés sont déterminées par les articles 4 et 13 de la loi.

La procédure débute par une requête adressée au préfet ou au général commandant la division et contenant une désignation aussi précise que possible de l'immeuble ; au reçu de cette requête, le préfet ou le général prend un arrêté désignant le commissaire enquêteur qui sera chargé de l'enquête et fixant le jour de l'opération ; en même temps, il fait procéder aux insertions et publications destinées à prévenir les intéressés et les mettant en demeure d'avoir à affirmer leurs prétentions. Le requérant devra faire la consignation préalable des frais de procédure [1].

L'enquête doit être ouverte dans les trente jours qui suivent la réception de la requête. Au jour indiqué le commissaire enquêteur se rend sur les lieux pour procéder, en présence du requérant ou lui

[1] La somme à consigner sera de 5 fr. 15 par hectare. Estoublon et Lefébure, 1897, p. 112.

dûment appelé, au bornage et au levé du plan, ainsi que pour recueillir les dires de tous ceux qui prétendent contester les droits du requérant. Immédiatement après sa clôture, le procès-verbal est déposé à la mairie et sa traduction en arabe envoyée à l'adjoint indigène. Un délai de 15 jours court, pendant lequel il est loisible à tous les intéressés de produire leurs réclamations.

Dans les 10 jours qui suivent l'expiration du délai du dépôt, il se transporte de nouveau sur les lieux, au cas où de nouvelles réclamations se seraient produites et rédige un procès-verbal définitif, où il mentionne les dires et réclamations recueillis, fournit son avis motivé tant sur le mérite de la requête que sur les réclamations et signale d'office les droits pouvant appartenir à l'Etat.

Le procès-verbal et les pièces à l'appui sont alors adressés au Gouverneur général qui est appelé à statuer en Conseil du gouvernement sur le résultat des opérations faites.

Si le requérant est alors reconnu avoir la jouissance effective, il n'y a aucune difficulté, le Gouverneur, statuant en Conseil de gouvernement, donne son homologation au plan dressé par le commissaire enquêteur, puis le dossier est transmis au directeur des domaines pour l'établissement du titre. La délivrance du titre est de droit.

Dans le cas où le requérant n'est pas reconnu avoir la jouissance effective, l'interprétation de l'article 13 fait alors l'objet de difficultés sérieuses. Voici ce que dit cet article : « Lorsqu'une demande d'enquête partielle aura lieu en territoire délimité par application du sénatus-consulte de 1863, le plan parcellaire dressé afin de régulariser, d'après la jouissance effective, la situation de l'occupant de la terre, sera homologué par arrêté pris par le gouvernement général en conseil de gouvernement. A dater de cet arrêté, les occupants maintenus en possession seront considérés comme propriétaires, à titre privé, des terres dont ils auront été reconnus possesseurs. » Cet article est conçu en termes assez ambigus; remarquons d'abord en passant l'impropriété du terme « territoire délimité par application du sénatus-consulte de 1863 » ; il s'agit ici des terres de cultures collectives; les explications fournies dans le rapport de M. Pourquery de Boisserin ne laissent aucun doute à ce sujet. Une question plus grave qui se pose, c'est celle de savoir si le gouvernement peut, soit de sa propre initiative, soit à la faveur d'une demande d'enquête partielle, faire opérer en territoire arch le levé d'un plan parcellaire et, par l'homologation donnée à ce plan, transformer ce territoire arch en territoire melk, cela sans le consentement des indigènes possesseurs?

Voici, à ce sujet, les explications que donne M. Pourquery de Boisserin dans son rapport : « Il existe un moyen plus pratique pour faire disparaître le plus rapidement possible le régime spécial des terres arch, que ces vastes et coûteuses opérations, aboutissant à la délivrance des titres administratifs de propriété pour toutes les terres d'un domaine. Il suffirait d'opérer, sur tous les territoires arch, le levé d'un plan parcellaire au cours de l'exécution duquel l'administration s'appliquerait à établir l'ordre dans les occupations territoriales, conformément aux droits que la jouissance effective doit assurer à chacun. L'arrêté du Gouverneur général, prononçant l'homologation du plan parcellaire, disposerait, en même temps que l'interdiction d'aliéner est levée dans le territoire, que les transactions y sont désormais soumises au droit commun. Ce serait la transformation du territoire arch en territoire melk. Ce système semble avoir été d'ailleurs visé par l'article 13 du projet de loi voté par le Sénat et actuellement soumis à la Chambre. »

Il semble bien résulter de là que la loi de 1897 donne à l'administration la faculté de transformer, dans les territoires où elle le juge opportun, la propriété arch en propriété melk. Ce ne peut être, en effet, seulement au cas où un indigène, ayant adressé une requête en délivrance d'un titre de propriété individuelle, n'aurait pas été reconnu possesseur.

Comment admettre, en effet, qu'une telle demande pût donner à l'administration la faculté d'opérer cette transformation ? L'administration peut bien saisir cette occasion et profiter de ce que les opérations du commissaire-enquêteur ont jeté plus de clarté dans les droits des possesseurs pour transformer la propriété arch en propriété melk. Mais cette faculté ne peut pas découler d'un simple fait occasionnel ; l'Administration doit l'avoir en dehors de toute demande non fondée d'enquête partielle.

Dans tous les cas, ce sera une simple faculté ; il serait contraire à l'esprit de la loi, qui vise à une constitution progressive et opportune de la propriété individuelle, de rendre celle-ci obligatoire pour le gouvernement, à propos de la demande d'un indigène dont les prétentions n'étaient pas fondées.

Si on admet ce principe contenu dans l'instruction du gouverneur général du 7 mars 1898, l'homologation du plan parcellaire, au cas où le requérant n'est pas reconnu avoir la jouissance effective, sera facultative. Alors, s'il est reconnu qu'il y a opportunité à transformer le droit de jouissance en droit de propriété à l'égard des possesseurs autres que le requérant, l'homologation sera donnée et la propriété deviendra une propriété melk, c'est-à-dire musulmane, sans que cette transformation entraîne la francisation de la terre. Sinon, le plan ne sera pas homologué et l'enquête restera sans suite.

On ne voit pas trop les avantages de cette transformation de la propriété arch en propriété melk, ni l'utilité de cette transition pour arriver à la constitution de la propriété individuelle, régie par la loi française. Les terres soumises à ce régime melk sont dans une situation bien plus confuse et embrouillée, qui augmente les difficultés de leur francisation; pour la rendre même possible, le gouverneur a été obligé de décider, suivant une interprétation qu'il est difficile de justifier juridiquement, que le consentement de tous les propriétaires indivis n'était pas nécessaire pour entraîner l'ouverture d'une enquête partielle; dans les terres arch, au contraire, le consentement des possesseurs indivis est nécessaire : c'est que l'indivision y est poussée bien moins loin et qu'elle peut toujours cesser à la suite d'un partage soit amiable, soit opéré par la djemaa. Ainsi cette transformation de l'arch en melk est plutôt nuisible, surtout n'étant pas demandée par les indigènes. L'administration s'en est tellement bien rendu compte qu'elle même décide qu'il est impossible que la loi veuille la lui imposer.

La loi de 1897 a ainsi substitué à la procédure d'ensemble, un système de procédures d'enquêtes partielles ouvertes sur l'initiative des particuliers;

nous venons de voir que l'article 13 cachait, sous l'ambiguïté de ses termes, une restriction à ce principe; il y en a une autre, contenue dans l'alinéa 3 de l'article 1er, portant « qu'il pourra être procédé aux opérations d'acquisition et d'échange de plusieurs parcelles, soit par l'Etat, soit par les particuliers, conformément à la procédure d'enquête partielle prévue par la présente loi [1]. » Exceptionnellement donc, dans un intérêt public, soit pour la création de centres de colonisation, soit pour la fixation des limites des forêts, l'administration aura la faculté d'ouvrir des procédures d'ensemble. C'est une exception qu'on ne peut qu'approuver.

En même temps qu'elle donne toute latitude aux possesseurs des terres arch, pour recourir à la procédure d'enquête partielle, la loi de 1897 cherche à ne pas rendre la délivrance de titres, à la suite de cette enquête, une cause de ruine pour les requérants, et à éviter le scandale des licitations ruineuses.

Nous ne parlerons pas de la purge complète qui résulte de la délivrance des titres; en territoire arch, il ne peut être question de purge; la question de savoir si les titres ainsi délivrés par l'administration prévalent contre les titres antérieurs administratifs ou notariés ne se pose pas ici comme en territoire

[1] Instruction du 7 mars 1898. Estoublon et Lefébure. *Supp.* 1898, p. 33.

melk ; car il n'en existe pas, ces terres n'ayant pu faire l'objet d'aucune transaction, par suite de leur inaliénabilité. Ces titres, sous l'empire de la loi de 1897, comme sous celui de la loi de 1887, ont donc toujours formé le point de départ unique de la propriété. Le législateur n'a pas voulu que la constitution de cette propriété amenât la spoliation et la ruine des indigènes. Aussi il a essayé d'organiser à leur usage un régime mixte, qui soit plus en rapport avec leurs mœurs. Les traits principaux de ce régime consistent dans la restitution aux cadis de la faculté de dresser des actes transactionnels dans les territoires que le gouverneur désignera, et dans l'établissement de règles spéciales pour les partages et licitations. La restitution aux cadis de la faculté de dresser des actes concernant les immeubles appartenant aux indigènes n'entraine pas la résurrection de la législation islamique ; le statut réel français sera toujours appliqué. Quant aux règles spéciales pour les partages et les licitations, voici brièvement en quoi elles consistent : Rétablissement dans une certaine mesure, après que les immeubles auront été reconnus impartageables en nature, du droit de chefaa, ce droit de préemption permettant de rembourser aux demandeurs de licitation la valeur de leur part de propriété. Maintien de la procédure spéciale, avec réduction de frais, instituée par la loi de 1887 et que nous avons étudiée plus haut. Suppression de l'opposition et de l'appel.

En résumé, la loi de 1897 essaye de remédier aux inconvénients que présente pour les indigènes le luxe de formalités dispendieuses qu'entraîne l'application de la procédure française; ils n'en comprennent pas la portée et les frais sont hors de proportion avec la valeur des terres.

A-t-elle atteint son but? C'est une question qui est en dehors de notre sujet et que nous n'examinerons pas. Il paraît résulter des expériences faites, que la procédure nouvelle est presque impraticable, tant elle est obscure et hérissée de difficultés inextricables et que les licitations seraient peut-être plus onéreuses que par le passé[1].

[1] Citons à ce propos la note de M. Gaudry, avoué à Constantine, adressée à la Commission de la propriété indigène à Alger : « On a rarement recours, dit-il, au partage en nature sous l'empire du droit commun. Cela tient à plusieurs causes : impossibilité pour les indigènes de fournir des soultes, dépréciation résultant d'un trop grand morcellement de la propriété, augmentation considérable des frais provenant des expertises inhérentes à tout partage en nature, situation des immeubles loin des centres qui n'ont de valeur que par leur étendue. Aussi on préfère la licitation devant les tribunaux, il y a plus de rapidité dans la procédure et les frais se répartissant sur un plus grand nombre sont moins lourds, par conséquent.

« Avec la loi nouvelle, le partage en nature devient obligatoire, il doit être sanctionné par les tribunaux, d'où expertise

En tout cas, que la délivrance d'un titre de propriété individuelle présente, dans l'état actuel de la législation, des avantages plus ou moins contestables pour les indigènes, ce qu'il y a d'important et où il y a progrès réalisé, c'est qu'elle n'est pas obligatoire. C'est aux indigènes eux-mêmes à apprécier s'il est de leur intérêt de sortir de la collectivité et de réclamer un titre de propriété individuelle. Il y a donc une amélioration incontestable en ce qu'il n'y a pas brusque modification des coutumes et des traditions des indigènes.

Mais ne faudrait-il pas aller plus loin? Les indigènes ont-ils assez conscience de leurs intérêts pour

pour satisfaire ce premier vœu de la loi; si le partage en nature est reconnu impossible, il faudra quand même recourir à la licitation; seulement il y aura en plus les frais de procédure suivie jusqu'au jugement ordonnant la licitation; supposons que le partage par souche soit possible et que la part de la famille du demandeur soit déterminée; celle-ci devra ensuite s'entendre pour accepter la licitation de la part lui revenant ou payer au demandeur une somme d'argent représentant la valeur de ses droits sur l'immeuble. En cas d'entente, les frais antérieurs et postérieurs à la vente grèveront au point de l'anéantir la part mise en licitation. En cas de non entente, le tribunal devra arbitrer la somme qui doit être payée au demandeur par la famille en cause et prononcer condamnation solidaire contre tous ses membres. Les indigènes ont une idée très vague du terme; ils aiment à temporiser et ne s'aperçoivent du danger que quand il n'est plus temps de le conjurer. Alors ils se trouveront sous le coup d'une saisie immobilière. »

les en laisser juges ? L'octroi de la propriété individuelle aux indigènes ne serait-il pas équivalent à la mise d'une arme dangereuse entre les mains d'un enfant ? Ne serait-il pas plus conforme à l'intérêt économique et social de n'autoriser les enquêtes partielles en territoire arch que dans les régions désignées par le gouverneur ?

C'est ce que nous examinerons dans le chapitre suivant.

TROISIÈME PARTIE

Certes, le régime de la propriété privée, libre de toute entrave, est un régime, en principe, supérieur. « Ce n'est que sous lui, dit Roscher, que le capital atteint sa pleine puissance productive » ; c'est en stimulant le cultivateur au travail et à l'épargne, en faisant arriver la terre, grâce à sa libre circulation, entre les mains de celui qui doit le mieux l'exploiter, qu'il crée le plus puissant motif de réaliser une bonne culture et qu'il donne à la terre son maximum de rendement. L'histoire nous montre que c'est la forme vers laquelle tend la propriété foncière, au fur et à mesure que se développe la civilisation et que progresse l'humanité. Mais l'absolutisme d'une théorie peut dans la pratique faire apparaître les faits sous une optique souvent trompeuse et engendrer de déplorables conséquences ; il faut donc se garder de toute généralisation. Si la propriété privée est l'idéal auquel on doit aspirer, ce n'est pas nécessairement à un moment donné la meilleure forme de la propriété. Tout dépend des circonstances dans lesquelles elle reçoit son application : il faut qu'elle cadre avec les mœurs des hommes pour qui on l'organise. Il faut tenir compte de leurs besoins, de leurs sentiments, des conséquences de leurs actes ; il faut tenir compte de la nature des terres et des procédés de culture.

C'est de ces idées de relativisme qu'il faut surtout s'inspirer, dans une colonie, où l'on se trouve en présence d'un milieu social complètement différent du nôtre, en face d'un peuple encore dans la période de l'enfance, et à l'égard duquel une brusque assimilation, au nom de principes supérieurs, est des plus dangereuses. L'on doit avoir des idées d'autant moins préconçues que le problème est plus ardu. Il s'agit ici de trouver un régime foncier, permettant l'amélioration morale et intellectuelle des indigènes, sans sacrifier pour cela les intérêts de la colonisation, de façon à donner à la terre son maximum de rendement et à la colonie le plus grand développement économique possible. L'un des premiers devoirs, en effet, que l'expansion coloniale impose à une métropole et que les puissances ont tenu à honneur de reconnaître dans l'article 6 de l'acte de Berlin, c'est de veiller à la conservation des indigènes et à l'amélioration des conditions morales et matérielles de leur existence. Il y a là d'abord un devoir moral au premier chef, puis une obligation commandée par l'intérêt économique bien compris ; car l'indigène est un précieux auxiliaire pour la mise en valeur des richesses foncières, surtout dans un pays où les Européens ne peuvent pas toujours, à raison du climat, subir les fatigues de la culture. Mais si ce devoir est impérieux à un double titre, encore faut-il tâcher de le remplir, tout en se conformant aux besoins et aux nécessités de la colonisation et ce pour la plus grande prospérité de la colonie.

Pour résoudre une question aussi complexe que la conciliation des intérêts du natif et du colon, il faut se garder, nous ne saurions trop le répéter, de se laisser aveugler par la toute-puissance d'un principe et d'appliquer nécessairement un régime uniforme qui en serait l'expression. Il faut étudier le caractère et les mœurs agricoles des indigènes, leurs procédés de culture, les avantages et les inconvénients qu'ils peuvent présenter suivant les conditions climatériques et la nature des terres, et ne pas craindre d'adopter suivant les cas un régime différent.

Ce qui fait le fond du caractère musulman c'est, en quelques mots, la résignation passive, la conviction intime de la faiblesse de l'humanité et de l'inanité de ses efforts et comme résultante l'inertie, l'incurie et l'imprévoyance ; son âme se recouvre d'une gangue d'insensibilité qui le rend impassible à tout ce qui lui arrive et peut lui arriver. C'est avec la pitié dédaigneuse, ce souverain mépris d'une âme supérieure qui plane bien au-dessus des tribulations de l'existence, qu'il nous regarde nous démener dans une agitation perpétuelle, et déployer cette activité fiévreuse, pour satisfaire des besoins, des désirs, des passions sans cesse renaissants, sans cesse nouveaux, que nous nous créons nous-mêmes. Imprégnés d'un tel esprit, ils sont, nous n'irons pas jusqu'à dire réfractaires à tout progrès, mais du moins difficilement assimilables ; depuis la conquête, les ans succèdent aux ans sans que nous ayons pu secouer cette apathie ni venir à bout de cette insouciance.

C'est que cet état d'esprit trouve un appui solide dans les croyances religieuses, dans le fatalisme mahométan ; d'après lui, seul Dieu est grand ; la volonté fragile de l'homme vient se briser contre sa toute-puissance. Tout ce qui doit arriver est marqué au livre du destin, est écrit, mektoub ; par conséquent, il est bien inutile d'agir ; contentons-nous d'invoquer Allah et sa clémence, d'attirer la bénédiction du prophète sur notre champ par des prières. « S'il est écrit là-haut que la récolte doit être mauvaise, j'aurai beau faire pénétrer plus profondément le soc de la charrue dans le sillon, la récolte sera quand même mauvaise, et s'il est écrit que la récolte sera bonne, les épis abonderont, s'il plaît à Dieu, sans que personne s'en mêle. » Voilà dans toute sa simplicité le raisonnement du musulman, qui lui est suggéré par ses croyances religieuses ou plutôt par sa paresse native ; c'est sa foi en Dieu qui donne aussi une excuse à son imprévoyance. « Mange aujourd'hui, dit l'Arabe, Dieu, demain, te nourrira. » Ou encore : « Le présent est à nous, l'avenir est à Dieu. » C'est avec ces beaux axiomes que les Arabes croupissent depuis des siècles, sans remords, dans leur indolence et leur barbarie. Ils n'ont jamais pu s'élever au-dessus de la vie pastorale et agricole.

Comme pasteurs, ils ont à leur disposition les vastes communaux, impropres à la culture, mais aptes à l'élevage du mouton, à travers lesquels ils promènent, à leur fantaisie, des millions de moutons. Dès la fin de mars, quand l'herbe des contreforts sahariens se fait rare et que l'eau s'évapore, ils remontent vers le nord avec leurs troupeaux, suivant les caprices d'un itinéraire de contremarches et de zigzags qui suit la ligne des dayas et des puits, de façon à arriver avant le gros de l'été, avant le dessèchement des petits trèfles et des graminées, aux régions du diss et de l'alfa. Le bétail vit du peu qu'il peut trouver sur la route de la grande transhumance, pendant la période estivale. Pour l'hiver, l'herbe est abondante et les troupeaux trouvent facilement à se nourrir. Mais toujours imprévoyants, les Arabes négligent de leur construire des abris et les laissent exposés à toutes les intempéries. Le plus souvent, il est vrai, par les magnifiques nuits algériennes, quand le ciel fourmille de tant d'étoiles qu'on le dirait sablé de graviers d'or, que l'atmosphère est imprégnée d'une tiédeur alanguissante, les troupeaux n'ont pas à souffrir du manque d'abri. Mais quand, parfois, l'hiver est rigoureux, que la neige ensevelit tout, pendant plusieurs jours, sous son morne linceul, alors les bêtes, exposées à la tourmente floconneuse, affamées et transies par la bise glaciale, succombent dans des proportions souvent très fortes. Le nomade, engourdi sous sa tente, regarde la mort faire son œuvre ; il ne se dit pas qu'en réformant ses séculaires incuries, il pourrait éviter à l'avenir de pareils désastres ; il se résigne et songe que c'était écrit. Les nomades ne connaissent pas non plus l'art d'améliorer les races par une sélection savante, mais s'en remettent au hasard des accouplements pour opérer une sélection naturelle.

Comme cultivateurs, les indigènes limitent leurs efforts aux besoins quotidiens ; ils se contentent de labourer le carré de blé ou d'orge qui leur est nécessaire, ils ne connaissent pas les instruments perfectionnés de labour qui tracent le sillon sans que la main de l'homme les dirige.

C'est l'araire primitif, celui dont Virgile se servait dans son champ de Mantoue, qu'ils emploient ; ils jettent d'abord la semence sur la terre non labourée, puis, effleurant le sol du soc de leur charrue, ils abandonnent le grain ainsi recouvert à la protection du Prophète. Ils ne restituent à la terre naturellement, à l'aide d'aucun engrais, les éléments que la production végétale lui enlève ; ils laissent les champs qu'ils cultivent en jachères pendant deux ou trois ans. Le machinisme agricole leur est totalement étranger ; la récolte est moissonnée à l'aide de faucilles recourbées, rudimentaires, et pour le battage, des chevaux, mulets, ânes, étiques et miséreux, piétinent, en tournant pêle-mêle sur l'aire, les gerbes moissonnées ; le grain une fois séparé de la paille, ils le transportent, après avoir prélevé ce qui est nécessaire à leur consommation, dans des télis, [1] à dos d'âne, de mulet ou de chameau, chez les négociants français, qui en font le commerce.

En résumé, ce qui ressort de la description de ces procédés agricoles, c'est que le capital d'exploitation agricole est chez les Arabes réduit au strict minimum. Partout et dans tout, ils cherchent à le réduire le plus possible ; ce qui caractérise la culture indigène, c'est non seulement le peu de capitaux qu'elle

[1] Sacs d'une espèce particulière.

exige, c'est aussi le communisme d'exploitation, communisme qui diminue encore pour chacun la nécessité d'avoir un gros capital pour tirer parti d'une terre. L'un possède une charrue, l'autre un bœuf, un troisième un autre animal de trait. Le concours de l'un ou de l'autre, quelquefois des trois autres est nécessaire au troisième pour la culture de son terrain. La terre n'est pas cultivée d'une manière permanente et uniformément suivie par le même indigène. Il se fait des échanges plus ou moins annuels des terrains de la famille entre les divers parents. Le soin de déterminer ces échanges est laissé au chef de famille; ils ne sont pas constatés par acte, chacun prend d'ailleurs dans la récolte la part qui lui revient dans la mesure de ses droits. Il n'en existe pas moins une communauté qui est dans les traditions, qui est la conséquence des conditions de l'existence économique des indigènes. « Les avantages de ce système, dit le colonel Villot, sont l'association des intérêts agricoles, l'organisation et la conservation d'un régime familial qui assure à la race arabe son étonnante vitalité. Le propriétaire n'est jamais isolé, jamais abandonné. [1] »

C'est grâce à ce communisme, grâce au peu de capitaux qui leur sont nécessaires, que les Arabes,

[1] *Mœurs, coutumes et institutions des indigènes de l'Algérie*, Villot, p. 274.

vivant réunis sur un même domaine et s'entr'aidant les uns les autres, peuvent tirer parti de terres très arides et trouver le moyen d'y vivre, sinon d'être dans l'aisance.

Etant donnés ce caractère et cet état social, nous pouvons nous expliquer à présent toutes les perturbations causées par l'octroi aux indigènes de titres de propriété individuelle et la brusque levée de l'interdiction d'aliéner dans les terres arch. C'est surtout pour celles-ci, en présence des résultats produits, qu'il y a lieu de se demander si la constitution de la propriété individuelle, même laissée à l'initiative des particuliers et la liberté d'aliénation, qui en est la conséquence, ne sont pas prématurées, et si la propriété collective n'a pas pour le moment des avantages incontestables.

Dans les terres melk, le plus souvent, la constatation de la propriété individuelle ne présente pas les mêmes inconvénients; bien loin de là, elle ne peut que contribuer à l'essor économique de la colonie, et cela pour plusieurs raisons. Les Arabes y seront d'abord dépouillés moins facilement; car depuis longtemps parfois, ils y pratiquent la propriété melk et ont la faculté d'aliéner leurs terres. Ils se défendront mieux; mais même les Arabes, par suite de la facilité de vente qu'augmente la nouvelle procédure, fussent-ils dépossédés de leurs terres, il n'y aurait lieu que de s'en féliciter.

Les terres, situées dans les régions voisines des côtes méditerranéennes, où par suite l'atmosphère, imprégnée d'humidité, rend le climat plus doux et plus tempéré, peuvent, fécondées par des capitaux suffisants, atteindre un degré inouï de fertilité et de prospérité. Les travaux d'aménagement, de dessèchement et d'amodiation n'y sont pas perdus, et la terre rend au centuple ce qu'on lui a donné.

Il serait criminel, malgré toutes les considérations humanitaires et philanthropiques, de laisser toutes ces richesses agricoles uniquement aux mains des indigènes et de ne pas les ouvrir le plus largement possible à l'activité européenne ; c'est grâce à la colonisation, que « les plaines de la Mitidja, dit M. Jules Ferry, que tous les vieux Algériens ont connues à l'état de marécage et d'ossuaire, rivalisent par l'opulence des produits et le soin des cultures avec les plus riches cantons de la Basse-Normandie ». Et de fait, la plaine de la Mitidja, encadrée dans le lointain par les premiers contreforts de l'Aurès, étale, dans un paysage fantasmagorique, les cultures les plus variées. Tour à tour, on a le mirage enchanteur de champs, où la blonde moisson ondoie sous la caresse de la brise estivale, de jardins d'orangers, où l'éclat doré des fruits perce, fulgurant sous le feuillage d'un vert sombre, de coteaux arrondis, couverts de vignes, aux pampres lourdement chargés. Tout ce débordement de fécondité et de richesse semble affirmer la supériorité de la propriété individuelle.

Qu'on fasse donc de ces terres, entre les mains des Européens, un instrument de production, toujours actif, en assurant la libre transmission de la propriété, en établissant sur des bases solides, avec des garanties sûres, la propriété privée. Assuré de la possession de sa terre et de recueillir les fruits de son travail, le propriétaire la cultivera avec amour et avec une sorte de coquetterie pour elle, il cherchera, chaque année, à augmenter la parure des riches moissons, des frondaisons frémissantes. Grâce à sa mobilité, elle ira aux mains les plus capables de la mettre en valeur et à chaque mutation, elle recevra d'un amour nouveau une fécondité nouvelle.

Dans ces terres, des installations agricoles florissantes sont créées et se créeront encore davantage ; les indigènes y ont d'ailleurs un emploi tout indiqué : ils fournissent une excellente main-d'œuvre, sous la direction intelligente d'un colon européen. Cette vie au contact des Européens sera peut-être là le meilleur moyen d'assimilation à leur égard.

Mais dans les terres arch, qui font l'objet de notre étude, la situation est toute différente ; ce sont, en général, des pays trop arides pour que les Européens puissent les exploiter et en tirer parti malgré tous les capitaux qu'ils pourraient y incorporer. L'aridité de ces terres tient à une cause irrémédiable, elle tient à la sécheresse qui sévit pendant de longs mois ; la terre se crevasse et s'entrebâille sous l'averse torréfiante des rayons solaires ; ce n'est plus la tiède caresse de la brise légère ; c'est le déchaînement furieux d'un ouragan de feu qui dessèche tout sur son passage; les épis qui commençaient à murir sont brûlés et au lieu de la riche moisson espérée, quelques épis maigres, malingres, rabougris, s'éparpillent dans les vastes champs. Et alors si on y constitue la propriété individuelle, si on lève l'interdiction d'aliéner qui frappait ces terres, qu'arrive-t-il ?

Les indigènes, avec leur imprévoyance, avec leur insouciance du lendemain, acquérant tout à coup le droit d'aliéner des terres dont ils n'avaient jamais pu disposer et enchantés de se procurer quelque argent, se font délivrer par l'administration des titres de propriété individuelle et, sans voir plus loin, vendent leurs terres aux spéculateurs souvent pour des prix dérisoires. Ces spéculateurs n'exploitent pas les terres eux-mêmes ; la culture européenne, avec les capitaux considérables qu'elle exige est impraticable ; la terre est trop pauvre et quand de rares Européens se risquent à vouloir la mettre en valeur, ils sont obligés d'employer les procédés de l'indigène[1].

[1] Comme confirmation de ces faits, nous citerons la dépo-

Le rendement de ces terres n'est donc pas modifié. Les spéculateurs propriétaires d'immenses espaces les louent aux indigènes et les anciens possesseurs deviennent des locataires; des esprits paradoxaux pourront soutenir que le loyer qu'ils sont tenus de payer est un stimulant qui les incite à travailler davantage ; en réalité, grever cette terre qui rapporte peu, souvent rien du tout, d'un loyer, c'est la surcharger d'un poids qu'elle ne peut supporter, c'est condamner les indigènes à une misère qui ne peut que s'accroître d'année en année, et cela sans profit pour la colonisation; c'est faire germer et développer au fond de leur âme une haine concentrée et farouche qui ne peut que les rendre rebelles à toute espèce d'assimilation ; au bout d'un certain temps, ils seront complètement ruinés, réduits à la mendicité ou au brigandage ; il se formera alors une classe nombreuse de vagabonds que rien ne rattachera plus à l'ordre social, qui le troubleront et le menaceront.

sition des cheikhs devant la Commission sénatoriale : « Nous ne cultivons pas, dirent-ils, avec des charrues françaises, car elles sont trop coûteuses puisqu'elles reviennent environ à 500 francs avec les colliers. D'ailleurs, les colons qui s'établissent dans la région renoncent à les employer. S'ils cultivent eux-mêmes, ce qui est exceptionnel, ils préfèrent la charrue arabe, et, le plus souvent, ils s'en remettent à nous pour labourer la terre et se contentent de partager la moisson. » (Pensa, *L'Algérie*, p. 259.)

Mais, disent les libéraux, qui, fidèles aux idées des anciens économistes, veulent à tout prix le plus tôt possible la constitution de la propriété privée, cette constitution permettra aux indigènes des terres arch, de se procurer auprès des institutions de crédit des capitaux à bon compte et fera disparaître l'usure, ce fléau qui les ronge. C'est méconnaître le caractère des indigènes que d'espérer arriver à ce résultat. Entre une institution de crédit qui exigera le paiement fixé au jour de l'échéance, dont l'exécution sera foudroyante, et un usurier qui lui donnera des délais, avec lequel il pourra tergiverser, l'indigène, malgré la différence des taux, n'hésitera pas, il choisira l'usurier.

En tout cas, la conséquence est fatale, ce sera son expropriation à brève échéance, soit par l'institution de crédit, soit par l'usurier. La facilité des emprunts est certes une belle chose, mais elle a pour corollaire la facilité des remboursements ; l'indigène sera vite entraîné sur la pente dangereuse de l'emprunt à jet continu et l'impossibilité où il sera de rembourser par suite de la pauvreté de sa terre ne fera qu'augmenter le nombre des expropriations et favoriser l'accaparement des terres de culture par la spéculation.

Donc, soit par des ventes, soit par des emprunts inconsidérés, les indigènes, à la suite de la levée d'interdiction d'aliéner ne tardent pas à être dépossédés; la colonisation n'en profite pas, puisque ces terres ne sont susceptibles d'être mises en valeur que par eux et par leurs procédés de culture; la conversion de la propriété collective en propriété individuelle n'a pour conséquence que la ruine de ceux-ci, c'est une éventualité redoutable et que les faits viennent confirmer[1]. Une commission de la propriété indigène a été créée spécialement à Alger, à l'effet d'étudier les moyens de remédier aux inconvénients résultant, en l'état actuel de la législation sur la propriété foncière en Algérie, des trop grandes facilités offertes aux indigènes pour aliéner leurs terres. Celle-ci s'est livrée à une enquête et voici les explications textuelles précédant le questionnaire adressé aux personnes compétentes : « L'attention de l'Administration a été appelée fréquemment au cours des dernières années sur la tendance qu'avaient les indigènes dans différentes régions à se défaire de leurs terres pour les vendre à des Européens, soit qu'elles fussent provoquées par un état de gêne résultant des mauvaises récoltes, soit qu'elles fussent

[1] Ce n'est pas une crainte chimérique. On peut consulter le rapport de M. Pensa sur le voyage de la commission sénatoriale en Algérie en 1891, à ce sujet et on verra que dans toutes les régions les autorités locales demandent à ce que les indigènes soient prémunis contre ce danger (6-99-259-299-307-396).

dues simplement à l'imprévoyance naturelle du caractère arabe; ces ventes ont pris sur certains points une telle extension qu'on a pu craindre qu'elles ne créent un véritable danger en laissant des populations entières privées de leurs traditionnels moyens d'existence. Les autorités locales se sont émues et ont, dans leurs rapports, signalé la nécessité de parer à une éventualité dont elles prévoient au double point de vue économique et politique les fâcheuses conséquences. »

Il résulte de là qu'il faut maintenir la terre arch ou, du moins, n'y constituer la propriété individuelle au moyen du système d'enquêtes partielles, que lorsque le gouvernement le jugera opportun. La propriété collective est en harmonie avec les mœurs et les procédés de culture des indigènes; sa désagrégation est prématurée; nous ne parlerons pas des communaux, leur nécessité pour l'élevage des troupeaux n'est pas discutée; la transhumance imposée par la nature du sol et les conditions climatériques exige de grands espaces, où les troupeaux ne soient pas arrêtés dans leurs migrations par les bornes infranchissables de la propriété privée; nous n'envisageons que les terres de culture. Ces terres de culture sont, par leur nature, destinées à n'être cultivées que par les indigènes et selon les procédés de culture indigène. Il faut donc y établir un régime qui leur convienne spécialement ; or, la prohibition d'aliéner et le régime administratif qui caractérisent les terres arch sont pour eux choses excellentes ; ce régime les préserve de la ruine et leur assure leur existence matérielle ; la certitude de conserver le champ qu'ils cultivent et de le transmettre à leurs enfants suffit pour les inciter à le cultiver avec le plus de soins possible ; n'ayant besoin que d'un capital minime, et de forts capitaux ne pouvant trouver d'ailleurs dans cette terre une rémunération suffisante, le besoin d'un crédit plus large qu'assurerait l'aliénabilité de ces terres ne se fait pas sentir ; d'autre part, le régime administratif convient davantage à ces êtres primitifs, à cause de sa simplicité et de sa promptitude ; il les soustrait aux formes compliquées de notre procédure judiciaire qui sont trop savantes et trop onéreuses pour eux. Ce régime permet d'ailleurs à l'administration d'exercer plus efficacement son action pour transformer leurs mœurs et les assimiler progressivement.

Ce n'est que lorsqu'ils seront arrivés à leur émancipation intellectuelle qu'on pourra les émanciper complètement de la tutelle de l'administration ; l'expérience n'a que trop démontré le danger d'une brusque et prématurée transformation de la propriété, non parallèle à la transformation des mœurs. C'est pour cela que nous concluons au maintien des terres arch; c'est pour cela que nous ne demandons leur désagrégation que lorsque le gouvernement l'aura jugée opportune.

Vu :

Le Doyen, GLASSON.

Le président dela Thèse, ESTOUBLON

Vu et permis d'imprimer :
Le Vice-Recteur de l'Académie de Paris,
GRÉARD.

TABLE DES MATIÈRES

Alençon. — Impr. Veuve Félix GUY et Cie.

www.ingramcontent.com/pod-product-compliance
Ingram Content Group UK Ltd.
Pitfield, Milton Keynes, MK11 3LW, UK
UKHW021155260726
13994UKWH00001B/474

9 782329 423371